POCHES ODILE JACOB

SAUVE-TOI,
LA VIE T'APPELLE

Résilience et personnes âgées (dir. avec Louis Ploton), 2014.
Résilience. Connaissances de base (dir. avec Gérard Jorland), 2012.
Quand un enfant se donne « la mort ». Attachement et sociétés, 2011.
Famille et résilience (dir. avec Michel Delage), 2010.
Mourir de dire. La honte, 2010.
Je me souviens..., « Poches Odile Jacob », 2010.
Autobiographie d'un épouvantail, 2008.
École et résilience (dir. avec Jean-Pierre Pourtois), 2007.
Psychanalyse et résilience (dir. avec Philippe Duval), 2006.
De chair et d'âme, 2006.
Parler d'amour au bord du gouffre, 2004.
Le Murmure des fantômes, 2003.
Les Vilains Petits Canards, 2001.
Un merveilleux malheur, 1999.
L'Ensorcellement du monde, 1997.
Les Nourritures affectives, 1993.

BORIS CYRULNIK

SAUVE-TOI,
LA VIE T'APPELLE

Odile
Jacob
poches

© Odile Jacob, 2012, avril 2014
15, rue Soufflot, 75005 Paris

www.odilejacob.fr

ISBN : 978-2-7381-3118-8
ISSN : 1621-0654

À Florence,
pour tous les bonheurs
qu'elle a rendus possibles.

À mes enfants, à mes petits-enfants,
pour l'affection et les aventures
qui enchantent nos vies.

À mes amis,
pour mieux faire connaissance.

CHAPITRE 1

LA GUERRE À 6 ANS

Je suis né deux fois.

Lors de ma première naissance, je n'étais pas là. Mon corps est venu au monde le 26 juillet 1937 à Bordeaux. On me l'a dit. Je suis bien obligé d'y croire puisque je n'en ai aucun souvenir.

Ma seconde naissance, elle, est en pleine mémoire. Une nuit, j'ai été arrêté par des hommes armés qui entouraient mon lit. Ils venaient me chercher pour me mettre à mort. Mon histoire est née cette nuit-là.

L'arrestation

À 6 ans, le mot « mort » n'est pas encore adulte. Il faut attendre un an ou deux pour que la représentation du temps donne accès à l'idée d'un arrêt définitif, irréversible.

Quand Mme Farges a dit : « Si vous le laissez vivre, on ne lui dira pas qu'il est juif », j'ai été très intéressé. Ces hommes voulaient donc que je ne vive pas. Cette phrase me faisait comprendre pourquoi ils avaient dirigé leur revolver vers moi quand ils m'avaient réveillé : torche électrique dans une main, revolver dans l'autre, chapeau de feutre, lunettes noires, col de veste relevé, quel événement surprenant ! C'est donc ainsi qu'on s'habille quand on veut tuer un enfant.

J'étais intrigué par le comportement de Mme Farges : en chemise de nuit, elle entassait mes vêtements dans une petite valise. C'est alors qu'elle a dit : « Si vous le laissez vivre, on ne lui dira pas qu'il est juif. » Je ne savais pas ce que c'était qu'être juif, mais je venais d'entendre qu'il suffisait de ne pas le dire pour être autorisé à vivre. Facile !

Un homme qui paraissait le chef a répondu : « Il faut faire disparaître ces enfants, sinon ils vont devenir des ennemis d'Hitler. » J'étais donc condamné à mort pour un crime que j'allais commettre.

L'homme qui est né en moi cette nuit-là a été planté dans mon âme par cette mise en scène : des revolvers pour me tuer, des lunettes noires la nuit, des soldats allemands fusil à l'épaule dans le couloir et surtout cette phrase étrange qui révélait ma condition de futur criminel.

J'en ai aussitôt conclu que les adultes n'étaient pas sérieux et que la vie était passionnante.

Vous n'allez pas me croire quand je vous dirai que j'ai mis longtemps à découvrir que, lors de cette nuit impensable, j'étais âgé de 6 ans et demi. J'ai eu besoin de repères sociaux pour apprendre que l'événement avait eu lieu le 10 janvier 1944, date de la rafle des Juifs bordelais. Pour cette seconde naissance, il a fallu qu'on me fournisse des jalons extérieurs à ma mémoire[1], afin de tenter de comprendre ce qui s'était passé.

L'année dernière, j'ai été invité à Bordeaux par RCF, une radio chrétienne, pour une émission littéraire. En m'accompagnant vers la sortie, la journaliste me dit : « Prenez la première rue à droite et vous verrez, au bout, la station de tramway qui vous mènera à la place des Quinconces, au cœur de la ville. »

Il faisait beau, l'émission avait été sympathique, je me sentais léger. Soudain, j'ai été surpris par un surgissement d'images qui s'imposaient à moi : la nuit, dans la rue, le barrage des soldats allemands en armes, les camions bâchés le long des trottoirs et la voiture noire dans laquelle on m'a poussé.

Il faisait beau, on m'attendait à la librairie Mollat pour une autre rencontre. Pourquoi, soudain, ce retour d'un passé lointain ?

En arrivant à la station j'ai lu, sculpté dans la pierre blanche d'un grand bâtiment : « Hôpital des Enfants malades ». Tout à coup m'est revenu l'interdit de Margot, la fille de Mme Farges : « Ne va pas dans la rue de l'hôpital des Enfants malades, il y a beaucoup de monde, on pourrait te dénoncer. »

Stupéfait, je reviens sur mes pas et découvre que je venais de traverser la rue Adrien-Baysselance. J'étais passé devant la maison de Mme Farges sans m'en rendre compte. Je ne l'avais pas revue depuis 1944, mais je crois qu'un indice, l'herbe entre les pavés

---

1. Documents Archives Slitinsky fournis par le docteur Erick Aouizerate.

disjoints ou le style des perrons, avait amorcé dans ma mémoire le retour du scénario de mon arrestation.

Même quand tout va bien, un indice suffit pour réveiller une trace du passé. La vie quotidienne, les rencontres, les projets enfouissent le drame dans la mémoire, mais à la moindre évocation, une herbe entre les pavés, un perron mal construit, un souvenir peut surgir. Rien ne s'efface, on croit avoir oublié, c'est tout.

Je ne savais pas, en janvier 1944, que j'aurais à faire ma vie avec cette histoire. D'accord, je ne suis pas le seul à avoir vécu l'imminence de la mort : « J'ai traversé la mort, elle est devenue une expérience de ma vie[2]... », mais, à 6 ans, tout fait trace. La mort s'inscrit dans la mémoire et devient un nouvel organisateur du développement.

Les souvenirs qui donnent sens

Le décès de mes parents n'a pas été un événement pour moi. Ils étaient là, et puis, ils n'ont plus été là. Je n'ai pas de trace de leur mort, mais j'ai reçu l'empreinte de leur disparition[3]. Comment vivre avec eux et puis soudain sans eux ? Il ne s'agit pas d'une souffrance ; on ne souffre pas dans le désert, on meurt, c'est tout.

---

2. Semprun J., *L'Écriture ou la vie*, Paris, Gallimard, 1994, p. 149.
3. Perec G., *W ou le Souvenir d'enfance*, Paris, Denoël, 1975 ; Paris, Gallimard, « L'Imaginaire », 1993. Livre dédié à la *disparition*, titre d'un autre livre où ce qui a disparu, c'est la voyelle « e » comme « eux, mes parents ».

J'ai des souvenirs très clairs de ma vie de famille avant la guerre. Je commençais à peine l'aventure de la parole puisque j'avais 2 ans, et pourtant je garde encore des souvenirs d'images. Je me souviens de mon père lisant le journal sur la table de la cuisine. Je me souviens du tas de charbon au milieu de la pièce. Je me souviens des voisins de palier chez qui j'allais admirer le rôti en train de cuire. Je me souviens de la flèche en caoutchouc que mon oncle Jacques, âgé de 14 ans, m'avait tirée en plein front. Je me souviens que j'avais crié très fort afin de le faire punir. Je me souviens de la patience accablée de ma mère attendant que je mette mes chaussures tout seul. Je me souviens des grands bateaux sur les quais de Bordeaux. Je me souviens des hommes débarquant sur leur dos d'immenses régimes de bananes et je me souviens de mille autres saynètes sans paroles qui, aujourd'hui encore, charpentent ma représentation d'avant guerre.

Un jour, mon père est revenu en uniforme et j'ai été très fier. Les archives m'expliquent qu'il s'était engagé dans le « Régiment de marche des volontaires étrangers », troupe composée de Juifs étrangers et de républicains espagnols. Ils ont combattu à Soissons et ont subi des pertes énormes[4]. À cette époque, je ne pouvais pas savoir ça. Aujourd'hui, je dirais que j'étais fier d'avoir un père soldat, mais que je n'aimais pas son calot dont les deux pointes me paraissaient ridicules.

---

4. Régiment des volontaires étrangers. Sur onze mille soldats, sept mille cinq cents ont été tués, le 8 juin 1940, en avant de Soissons.

J'avais 2 ans : ai-je vraiment ressenti cela ou l'ai-je vu sur une photo après la guerre ?

L'enchaînement des faits donne sens à l'événement.

Première saynète : l'armée allemande défile dans une grande avenue près de la rue de la Rousselle. Je trouve ça magnifique. La cadence des soldats frappant le sol tous ensemble dégage une impression de puissance qui me ravit. La musique ouvre la marche et de gros tambours sur chaque flanc d'un cheval donnent le rythme et provoquent une merveilleuse frayeur. Un cheval glisse et tombe, les soldats le relèvent, l'ordre est rétabli. C'est un drame magnifique. Je m'étonne qu'autour de moi quelques adultes pleurent.

Deuxième saynète : nous sommes à la poste avec ma mère. Les soldats allemands se promènent dans la ville par petits groupes, sans arme, sans calot et même sans ceinturon. Je leur trouve l'air moins guerrier. L'un d'eux fouille dans sa poche et me tend une poignée de bonbons. Ma mère me les prend brutalement et les rend au soldat en l'injuriant. J'admire ma mère et regrette les bonbons. Elle me dit : « Il ne faut jamais parler à un Allemand. »

Troisième saynète : mon père est en permission. On se promène sur les quais de la Garonne. Mes parents s'assoient sur un banc, je joue avec une balle qui roule vers un autre banc où sont assis deux soldats. L'un ramasse la balle et me la tend. Je refuse d'abord, mais, comme il est souriant, j'accepte.

Peu après, mon père repart à l'armée. Ma mère ne le reverra jamais. Ma mémoire s'engourdit.

Mes souvenirs reviendront plus tard, quand Margot viendra me chercher à l'Assistance. Mes parents ont disparu. Je me rappelle alors que j'ai parlé à ces soldats malgré l'interdiction, et cet enchaînement de souvenirs me fait penser que, si mes parents sont morts, c'est parce que, sans le faire exprès, j'ai dû donner notre adresse en parlant.

Comment un enfant peut-il expliquer la disparition de ses parents quand il ne sait pas qu'existent des lois antijuives et que la seule cause possible est la transgression de l'interdit : « Il ne faut pas parler aux Allemands. » C'est l'enchaînement de ces fragments de mémoire qui donne cohérence à la représentation du passé. En agençant quelques souvenirs épars, j'en ai conclu qu'ils étaient morts à cause de moi.

Dans une chimère, tout est vrai : le ventre est d'un taureau, les ailes d'un aigle et la tête d'un lion. Pourtant, un tel animal n'existe pas. Ou, plutôt, il n'existe que dans la représentation. Toutes les images mises en mémoire sont vraies. C'est la recomposition qui arrange les souvenirs pour en faire une histoire. Chaque événement inscrit dans la mémoire constitue un élément de la chimère de soi.

Je n'engrangeais de souvenirs que lorsqu'il y avait de la vie autour de moi. Ma mémoire s'est éteinte quand ma mère s'est éteinte. Or à l'école maternelle de la rue du Pas-Saint-Georges on vivait intensément. Margot Farges, l'institutrice, mettait en scène avec ses petits comédiens âgés de 3 ans la fable du *Corbeau et le Renard*. Je me souviens encore de la perplexité dans laquelle m'avait plongé le vers : « Maître Corbeau, sur

un arbre perché… » Je me demandais comment on
pouvait percher un arbre et y mettre un corbeau, mais
ça ne m'empêchait pas d'adhérer pleinement à mon
rôle de Maître Renard.

J'étais particulièrement indigné parce que deux
petites filles s'appelaient « Françoise ». Chaque enfant,
pensais-je, doit être désigné par un prénom à nul autre
pareil. J'estimais qu'en donnant un même prénom à
plusieurs petites filles on déconsidérait leur personnalité.
Je commençais déjà ma formation psychanalytique !

S'appeler Jean Bordes (ou Laborde ?)

À la maison, une non-vie engourdissait nos âmes.
À cette époque, quand les hommes s'engageaient dans
l'armée, les femmes ne pouvaient compter que sur la
famille. Pas d'aide sociale en 1940. Or la famille parisienne de ma mère disparaissait. Une petite sœur,
Jeannette, âgée de 15 ans, a disparu ainsi. Pas de traces
d'arrestation, pas de rafle, rien, soudain elle n'était plus
là. « Disparue » est le mot.

Pas de possibilité de travailler non plus, c'était
interdit. J'ai le vague souvenir de ma mère vendant
les objets de la maison, sur un banc, dans la rue.

Énorme trou de mémoire entre 1940 et 1942.
J'ignorais les dates et j'ai gardé pendant longtemps un
chaos de la représentation du temps. « J'avais 2 ans
quand j'ai été arrêté… non, c'est impossible, je devais
avoir 8 ans… mais non, la guerre était finie. »
Quelques images d'une précision étonnante persis-

taient dans ma mémoire incapable de les situer dans le temps.

Récemment, on m'a appris que ma mère m'avait placé à l'Assistance publique, la veille de son arrestation, le 18 juillet 1942. Je n'ai pas envie de vérifier. Quelqu'un a dû la prévenir. Je n'ai jamais pensé qu'elle m'avait abandonné. Elle m'a mis là pour me sauver. Puis elle est rentrée chez elle, seule, dans un logement vide, sans mari, sans enfant. Elle a été arrêtée au petit matin. Je n'ai pas envie d'y réfléchir.

J'ai dû rester un an à l'Assistance, je ne sais pas. Aucun souvenir. Ma mémoire est revenue le jour où Margot est venue me chercher. Pour m'apprivoiser, elle avait apporté une boîte de morceaux de sucre et m'en donnait régulièrement, jusqu'au moment où elle a refusé en disant : « C'est fini. » C'était, je crois, dans un wagon qui venait de je ne sais où pour aller à Bordeaux.

Dans la famille de Margot, ma mémoire est redevenue vive. M. Farges, inspecteur d'académie, menaçait de « se fâcher tout rouge ». Je faisais semblant d'être impressionné. Mme Farges reprochait à sa fille : « Tu aurais pu nous prévenir que tu allais chercher cet enfant à l'Assistance. »

Suzanne, la sœur de Margot, enseignante à Bayonne, m'apprenait à lire les heures sur la grosse pendule du salon, et à manger comme un chat, me disait-elle, à petits coups de langue et non pas comme un chien qui avale tout d'un coup. Je crois lui avoir dit que je n'étais pas d'accord.

Les Farges avaient des réunions étranges autour d'un gros poste où l'on entendait : « Les raisins sont

trop verts… je répète… les raisins sont trop verts »
ou : « Le petit ours a envoyé un cadeau au papillon…
je répète… » Un bruit de crécelle couvrait ces paroles
parfois difficiles à entendre. Je ne savais pas qu'on
appelait ça Radio-Londres, mais je trouvais que ce
n'était pas sérieux de se grouper autour d'un poste
pour écouter gravement des phrases rigolotes.

On m'avait donné quelques missions dans cette
famille : entretenir un petit bout de jardin, aider au
nettoyage du poulailler et aller chercher le lait qui était
distribué dans une porte cochère, près de l'hôpital
des Enfants malades. Je remplissais mes journées
avec ça, lorsqu'un jour, Mme Farges a dit : « À partir
d'aujourd'hui tu t'appelleras Jean Bordes. Répète ! »

J'ai probablement répété, mais je ne comprenais
pas pourquoi il fallait changer mon nom. Une dame
qui venait parfois aider Mme Farges pour les travaux
de la maison m'a expliqué gentiment : « Si tu dis ton
nom, tu mourras. Et ceux qui t'aiment mourront à
cause de toi. »

Le dimanche, Camille, le frère de Margot, venait
s'ajouter à la table familiale. Tout le monde riait dès
qu'il apparaissait. Un jour, il est venu habillé en scout
avec un jeune camarade. Cet ami, poli, réservé, frisé
comme un mouton, se tenait en arrière et souriait
quand Camille faisait rire son monde en m'appelant
« le petit j'aborde » et en me demandant : « Qu'est-ce
que tu abordes, Jean ? »

Je n'ai jamais pu me souvenir du nom qui me
cachait : Bordes ?… Laborde ? Je n'ai jamais su. Bien
plus tard, quand j'ai été interne en neurochirurgie à
l'hôpital de La Pitié, à Paris, une jeune médecin s'appe-

lait Bordes. J'ai failli lui dire qu'elle portait le nom sous lequel on m'avait caché pendant la guerre. Et puis, je me suis tu. J'ai pensé : « C'est peut-être Laborde ? » Et puis, il aurait fallu donner tant d'explications !

Deux ans après la Libération, quand on m'a redonné mon nom à l'école, j'ai eu la preuve que la guerre était finie.

Ma tante Dora, la sœur de ma mère, m'avait recueilli. Le pays était en fête. Les Américains donnaient le ton. Ils étaient jeunes et minces, et, dès qu'ils apparaissaient, la gaieté entrait dans les maisons avec eux. Leurs éclats de rire, leur accent amusant, leurs histoires de voyages, leurs projets d'existence m'enchantaient. Ces hommes distribuaient du chewing-gum et organisaient des orchestres de jazz. Les femmes attachaient beaucoup d'importance aux bas nylon sans couture et aux cigarettes Lucky Strike. Un jeune Américain qui portait de petites lunettes rondes décida que Boris n'était pas un prénom convenable, cela faisait trop russe. Il me baptisa Bob. Ce prénom prenait la lumière, il signifiait « retour à la liberté ». Tout le monde a applaudi, je l'ai accepté sans plaisir.

Ce n'est que lorsque je suis devenu étudiant en médecine que je me suis fait appeler Boris. À ce moment, j'ai eu l'impression que ce prénom pouvait être prononcé loin des oreilles de Dora, sans risque de la blesser. Pour elle, c'était encore le prénom du danger, alors que Bob était celui de la renaissance, de la fête avec les Américains, nos libérateurs. Dans les lambeaux de ma famille je restais encore caché, mais loin d'eux, je pouvais devenir moi-même et me faire représenter tel que j'étais, par mon vrai prénom.

Après la visite des deux scouts, la vie s'est éteinte chez Margot aussi. Une nuit, j'ai été réveillé par des cris et des lumières. M. Farges était mort en dormant. Mme Farges est devenue sombre, Suzanne partait enseigner à Bayonne et Margot disparaissait le lundi matin pour prendre son poste d'institutrice à Lannemezan, je crois. La maison devenait silencieuse, sans mouvement, sans radio rigolote, sans visites. Il avait suffi que je m'appelle Bordes (ou Laborde ?) pour que je n'aie plus le droit d'aller chercher le lait, ça devenait dangereux, on risquait de me dénoncer... Dénoncer ?

Un jour, une dame que je ne connaissais pas est arrivée. Margot a dit : « Elle va t'emmener voir ton père. » Mon père ? Je le croyais disparu. Ni joie ni peine, j'étais engourdi. Ce monde n'avait pas de cohérence. La dame avait sur son sein gauche une étoile de tissu jaune, brillant, bordé de noir, que je trouvais très belle. Margot a dit en montrant l'étoile : « Comment allez-vous faire, avec ça ? » « Je me débrouillerai », a répondu la dame.

Le voyage a été silencieux, un long trajet morne pour arriver au camp de Mérignac. En s'approchant des soldats qui gardaient l'entrée du camp, la dame a déroulé son écharpe et, avec une épingle à nourrice, l'a fixée sur sa veste afin de masquer l'étoile. Elle a montré des papiers, nous nous sommes dirigés vers un baraquement. Un homme m'attendait, assis sur un lit en bois. J'ai à peine reconnu mon père. Logiquement, il a dû dire des mots. Nous sommes repartis.

Longtemps après la guerre, j'ai reçu sa croix de guerre, avec un certificat signé par le général Huntziger : « Soldat courageux… blessé en avant de Soissons. » Voilà pourquoi mon père était resté assis. Il avait été arrêté sur son lit d'hôpital, sur un ordre de la préfecture et emmené au camp de Mérignac qui orientait vers Drancy, puis vers Auschwitz.

Le lendemain, j'ai entendu Margot raconter à voix basse qu'à peine rentrée chez elle la pharmacienne (c'était donc le métier de la dame) était attendue par la Gestapo. Elle a sauté par la fenêtre.

Parler était dangereux puisqu'on risquait la mort. Se taire était angoissant puisque la menace, lourdement ressentie, venait d'on ne sait où. Qui allait me dénoncer ? Comment me protéger ? J'ai pensé que j'allais être responsable de la mort des Farges, puisqu'ils étaient gentils avec moi.

La maison est devenue sombre et muette. Rien n'y a vécu pendant plusieurs mois. J'avais 6 ans, je ne savais ni lire ni écrire, pas de radio, pas de musique, pas de copains, pas de mots. Je me suis mis à tourner autour de la table du salon où j'étais enfermé. L'étourdissement m'apaisait en me donnant une curieuse sensation d'existence. Quand j'étais fatigué d'avoir longtemps tourné, je m'allongeais sur le divan et me léchais les genoux. En 1993, quand j'ai été à Bucarest avec Médecins du monde, j'ai observé le même comportement autocentré chez les enfants abandonnés et isolés sensoriellement.

C'est probablement pour ça que j'ai éprouvé mon arrestation comme une fête. Le retour de la vie ! Je n'ai pas été effrayé par les barrages de soldats et les camions alignés qui fermaient la rue Adrien-Baysselance. C'est aujourd'hui que je trouve pittoresque cette situation : une armée pour arrêter un enfant !

Ce qui m'a le plus impressionné, c'est que dans la voiture où l'on m'avait poussé, un homme pleurait. Sa pomme d'Adam me fascinait tant elle était saillante et mobile.

Devant la synagogue, nous avons été mis en rang. Dès que nous avions franchi la porte, nous étions orientés vers deux tables. Un officier en bottes de cuir et jambes écartées se tenait entre les deux, comme dans un mauvais film. Je crois me rappeler qu'avec une badine, il nous orientait vers une table ou l'autre. Que signifiait ce choix ? J'ai entendu :

— Il faut dire qu'on est malade. Il va nous orienter vers la table qui nous inscrit pour l'hôpital.

— Surtout pas, disaient d'autres hommes. Il faut dire qu'on est en bonne santé afin d'être envoyés au STO[5], et travailler en Allemagne.

En franchissant la porte, j'ai vu derrière la table de la file de gauche le scout frisé comme un mouton, l'ami de Camille. Je suis sorti du rang pour me diriger vers lui. Quand il m'a aperçu, il a sursauté, sa chaise est tombée, il est parti à grands pas.

J'ai alors compris que c'était lui qui m'avait dénoncé.

---

5. STO : Service du travail obligatoire. Plusieurs millions d'hommes, prisonniers des nazis, furent engagés dans ce travail forcé. En France, des affiches « invitaient » les hommes à trouver du travail en Allemagne pour nourrir leur famille.

Désobéir pour s'évader

La synagogue était noire de monde. Je me souviens de gens couchés par terre, tassés contre le mur pour laisser des chemins de passage. Je me souviens d'une grosse dame qui cherchait les enfants pour les rassembler sur une couverture étalée par terre. Aujourd'hui, je dis que je me suis méfié de cette dame et de sa couverture. Est-ce vraiment ce que j'ai ressenti cette nuit de janvier 1944 ? Sur cette couverture, quelques enfants s'efforçaient de dormir. Sur deux chaises à côté, quelques boîtes en carton contenaient du lait concentré sucré. Je le sais puisqu'on m'en a donné. Je me souviens d'avoir demandé une ou deux boîtes, puis de m'être enfui avec ce trésor pour m'asseoir sur un fauteuil rouge placé au loin contre un mur.

De temps en temps, la porte s'ouvrait, la lumière et le froid entraient avec une cohorte de nouveaux arrivants. Ils s'inscrivaient à l'une des deux tables puis cherchaient un coin pour s'asseoir. On était régulièrement réveillés pour faire la queue entre deux rangées de barbelés, au milieu de la synagogue. On recevait un bol de café très chaud, en donnant son nom. Un adulte me réclamait le café à chaque fois.

Un soldat en uniforme noir est venu s'asseoir près de moi. Il m'a montré la photo d'un petit garçon de mon âge, son fils probablement. Cet homme, en commentant la photo, m'a fait comprendre que je lui ressemblais. Il est parti sans sourire. Pourquoi ai-je un souvenir si clair de ce scénario ? Parce que l'étonnement l'a fixé dans ma mémoire ? Pourquoi ai-je encore l'impression que c'est important ? Pour ne pas vivre dans la peur, avais-je besoin de penser qu'il y a des traces d'humanité même chez les persécuteurs ?

Je n'allais plus chercher les boîtes de lait concentré sucré, c'est une infirmière qui me les apportait. Comment était-elle habillée ? En infirmière probablement, puisque je me souviens clairement que c'était une infirmière. Je vois encore son visage que je trouvais très beau, la blondeur de ses cheveux et les boîtes de lait concentré qu'elle m'apportait. Je crois me souvenir que je l'ai prise par le cou. Je quittais souvent mon fauteuil pour aller explorer la synagogue. Je suivais les jeunes gens qui voulaient s'évader. J'avais compris leur intention puisque c'étaient les seuls qui regardaient en l'air, vers les fenêtres. L'un d'eux a dit : « Dans les pissotières, la fenêtre est trop haute, trop petite et grillagée. »

Deux hommes près de la porte ne se comportaient pas en prisonniers. Ils évaluaient la foule et celui qui avait un vêtement de travail a dit : « On a reçu l'ordre de mettre les enfants dans des wagons salés. » À 6 ans, je ne connaissais pas la signification du mot « scellé ». J'ai cru qu'on allait mettre les enfants dans des wagons salés et que c'était certainement une cruelle torture. Il fallait que je me sauve. J'ai regardé vers le haut, impossible, trop haut. Je suis retourné dans les pissotières pour voir si vraiment la fenêtre était inaccessible. Il y a eu un grand remue-ménage dans la synagogue. Derrière la porte d'un cabinet quelques planches cloutées dessinaient un Z. J'ai réussi à y grimper sans trop de difficulté. Je crois que j'ai appuyé mes jambes sur une paroi et mon dos sur l'autre. J'ai été surpris de constater que je pouvais tenir sans effort. Le bruit était intense dans la synagogue. Un homme en civil est entré et a ouvert une par une les portes des toilettes. Il n'a pas levé la tête. Le bruit était moins fort maintenant. Un soldat est entré à son tour et a vérifié les cabinets. S'il avait levé la tête, il aurait vu un enfant coincé sous le plafond. J'ai attendu le silence et me suis laissé tomber au sol. La synagogue était vide maintenant. Le grand portail ouvert laissait entrer le soleil. Je me souviens de la poussière qui voletait dans la lumière. J'ai trouvé ça très beau. Des hommes en civil parlaient, tous en rond. Je suis passé près d'eux, j'ai l'impression qu'ils m'ont vu, ils n'ont rien dit, je suis sorti.

Dans la rue, les cars s'éloignent. Quelques soldats éparpillés en bas des grands escaliers rangent leurs armes. La jolie infirmière, près d'une ambulance, me fait signe. Je dégringole les marches et plonge sous un matelas sur lequel une dame est en train de mourir. Un officier allemand monte dans l'ambulance et examine la mourante. Me voit-il sous le matelas ? Il donne le signal du départ.

Quand, enfant, je me rappelais cette scène, je me disais qu'il m'avait vu. Bizarre. Je n'en suis pas sûr. Peut-être avais-je besoin de ce souvenir pour m'aider à penser que le Mal n'est pas inexorable ? Comme le soldat en noir avec la photo de son enfant ? Ça donne espoir, n'est-ce pas ?

Plus tard, dans l'enchaînement des souvenirs, je me revois dans un grand réfectoire presque désert. Les adultes m'entourent, une violente dispute éclate avec le chef cuisinier. Comment ai-je fait pour savoir que c'était le chef ? Peut-être parce que plus loin, dans la salle, d'autres cuisiniers baissaient la tête et ne prenaient pas la parole ? Le chef hurle : « Je ne veux pas de cet enfant ici, il est dangereux. » On me demande d'entrer dans une grande marmite. On me dit de ne pas en sortir. Je suis dangereux, n'est-ce pas ?

Après avoir reçu l'autorisation de partir, l'infirmière s'est dirigée vers la cantine de la faculté de droit où elle connaissait un étudiant, qui a proposé de me cacher quelques jours[6].

Je vois encore la forme du visage du cuisinier. C'est un homme trapu, aux rares cheveux noirs, avec un tablier replié sur le ventre. Il hurle, puis accepte que je reste dans la marmite, quelques heures seulement.

Souvenir suivant : la camionnette roule dans la nuit... on m'a mis à l'arrière dans un sac de pommes de terre et on a disposé devant moi d'autres sacs... À un barrage, les soldats vérifient quelques sacs et n'ouvrent pas le mien... La voiture s'arrête sur la place d'un village... les adultes tapent à une grande porte... Une religieuse en cornette sort la tête et dit : « Non, non, pas question, cet enfant est dangereux. » Elle referme la porte en criant[7].

Je suis dans une cour d'école. Depuis quand ? Quatre ou cinq adultes, des enseignants, dirais-je, me saisissent, me mettent une pèlerine sur le dos et

---

6. J'ai appris beaucoup plus tard que cet étudiant s'appelait Jacques de Léotard et qu'il était devenu avocat.
7. Cette situation est rare. Pratiquement tous les couvents et même des institutions pétainistes ont caché des enfants juifs. Témoignage : *Les Enfants cachés*, Mémorial de la Shoah, 1er juillet 2012.

me demandent de rabattre la capuche sur mon visage. Ils crient pour faire rentrer les élèves dans leurs classes, ils m'encerclent pour qu'on ne me voie pas, ils m'accompagnent vers une voiture qui m'attend, ils disent : « Vite, les Allemands approchent ! »

Je trouve que leur réaction est bête. Je vois des visages d'enfants collés à toutes les fenêtres. Cette manière de me cacher me met en évidence et leur fait courir un danger. Les adultes ne sont pas malins.

Je n'ai rien dit. Je me sens monstre.

Une grange et un copain

À Pondaurat, la vie est revenue. Je me rappelle le nom de ce village parce qu'après la guerre, quand j'ai appris que ma tante s'appelait Dora, j'ai été étonné qu'un pont porte son nom. Peut-être l'avait-elle acheté ?

Dans ce petit village, je n'ai pas été malheureux. Je dormais dans la grange sur une botte de paille, auprès d'un autre enfant de l'Assistance, un grand, âgé de 14 ans. Ce garçon me sécurisait beaucoup en m'expliquant comment il fallait éviter l'âne qui voulait nous mordre avec ses grandes dents jaunes et comment on pouvait faire croire aux adultes qu'on avait compté les moutons le soir en rentrant : il suffisait de dire à voix forte « quatre-vingts » et le tour était joué. Il savait aiguiser la faux et construire un petit chemin pour éviter la fosse à purin qui menait à la grange. Je me sentais bien auprès de ce grand.

J'ai un souvenir très net du puits où je devais
tirer l'eau et de sa margelle qui m'effrayait puisqu'on
m'avait expliqué que beaucoup de gens étaient tombés
au fond et qu'on n'avait jamais pu sortir leur cadavre.

J'aimais les soirées où les ouvriers agricoles man-
geaient avec Marguerite, la métayère, qui trônait en
bout de table. Je me souviens de la lampe lugubre qui
pendait au milieu de la table avec son ruban de papier
tue-mouches où agonisaient les insectes collés. Je me
souviens de ces soirées où je faisais rire la tablée en
mettant trop de poivre dans ma soupe, puis en criant
« au feu les pompiers » afin d'éteindre l'incendie de
ma bouche avec les verres de vin qu'on me servait.
Tout le monde riait, c'est ainsi qu'on pouvait
reprendre sa place parmi les humains.

La métayère était rude. Elle passait rarement près
de nous sans nous menacer d'un coup de bâton. Un
coup, ce n'est pas un trauma. On a mal sur le coup,
et c'est fini. Alors que je revoyais souvent, comme dans
un film intérieur, mon arrestation chez Margot,
l'enfermement dans la synagogue, la dame qui mourait
sur moi, la marmite et la religieuse qui me laissait
dehors la nuit en criant que j'étais dangereux.

Outre « le Grand » et moi « le Pitchoun », il y
avait dans cette ferme un autre enfant : Odette la Bossue.
Elle travaillait sans un mot, évitait tout le monde et
dormait dans une vraie chambre, avec draps blancs
et rideaux de dentelle. Je croyais que c'est ainsi que
dormaient les enfants : les filles dans des lits, les garçons
sur la paille. Ça ne me choquait pas. J'étais bien plus
troublé par les petits gestes qui humiliaient la Bossue.
Quand les ouvriers rentraient du travail, elle devait les

aider à enlever leurs sabots. Pour éviter les ampoules, ils les garnissaient de paille que la sueur de la journée avait fait gonfler. L'homme en entrant, se laissait tomber sur une chaise près de la porte. La fille s'accroupissait devant lui et tirait sur le sabot. Souvent l'ouvrier mettait son autre pied sur la poitrine de la Bossue et, quand soudain le sabot s'arrachait, elle roulait en arrière cul par-dessus tête, on voyait sa culotte et tout le monde riait. La Bossue ne disait rien. Je n'aimais pas ce jeu.

Un événement a réveillé la trace du passé. Un jour, le grand me dit : « Allez, Pitchoun, on va à la pêche. » Un bonheur de plus ! On s'installe sur une avancée de pierre qui réalisait une sorte de barrage au pied d'un pont et on se met à pêcher. L'eau calme miroitait. Je me suis endormi et me suis réveillé en train de couler. Je me rappelle avoir pensé : « C'est dommage de mourir alors que le bonheur revenait. » Quand j'ai repris conscience j'étais dans le lit de la Bossue ! Marguerite la rude avait dit à Odette : « Laisse-lui ton lit cette nuit, avec ce qui lui est arrivé. » J'ai dormi dans des draps en admirant la fenêtre avec ses rideaux de dentelle. Que du bonheur !

Peu de temps après, sur la place du village, quelques garçons se sont mis à me houspiller. Ils me regardaient de côté, je sentais la noirceur de leurs regards, je comprenais qu'ils disaient du mal de moi, mais je ne savais pas quoi. L'un d'eux a dit à voix suffisamment haute pour que j'entende : « Avec les Juifs, c'est comme ça. Ils ne remercient jamais. » J'ai alors compris que c'était son père qui m'avait sorti de l'eau, mais comment voulez-vous que je le sache ? Je ne le connaissais pas et j'avais perdu connaissance. J'ai compris aussi que les enfants du village savaient que j'étais juif, mais comment l'avaient-ils su ? Comment savaient-ils sur moi des choses que je ne savais pas ?

À Castillon-la-Bataille, je devais avoir 7 ans. Ma mémoire à cette époque s'allonge dans le temps. Elle n'est plus simplement composée de flashes, comme ces images brèves d'avant guerre, ni même de courts scénarios, elle devient un vrai petit film de moi, au sens théâtral du terme. Je me revois dormant sur un lit de camp dans le couloir de la maison du directeur de l'école. Je n'allais pas en classe, mais je pouvais jouer dans la cour après le départ des élèves. Je traînais dans le village où j'ai rencontré mon premier copain et mon premier amour.

Elle s'appelait Françoise comme toutes les filles. Elle était brune, avait les yeux bleus et les dents du bonheur, écartées en haut. J'aimais beaucoup être près d'elle, la voir simplement et parler avec elle. C'est curieux l'hétérosexualité : déjà à l'école maternelle de la rue du Pas-Saint-Georges à Bordeaux, je cherchais à parler avec les filles. La cour d'école était vertueusement coupée en deux par une grille, les garçons d'un côté, les filles de l'autre. Je m'approchais de la grille pour leur dire deux ou trois mots.

Ce souvenir n'est pas cohérent puisque, dans la classe de Margot, je me souviens d'un petit Ali et de deux Françoise. Mais voilà, c'est comme ça dans ma mémoire.

Je ne me rappelle pas le prénom de mon copain de rue puisque, entre garçons on préférait les actes. On partait dans les vignes pour voler du raisin muscat que l'on comparait avec le moissac. On en mangeait tellement qu'on se rendait malades. On se lançait des pierres pour apprendre à les éviter. On ramassait des noix et des prunelles, on dénichait les œufs, on attrapait les papillons, on furetait partout, en toute indépendance. J'étais content qu'il soit pauvre, ça me permettait de me sentir plus proche. J'allais le chercher chez lui, à deux pas de l'école. Il habitait avec sa mère dans une seule pièce, avec un gros tas de charbon au milieu. Je la revois assise, vêtue de noir et souriante. J'ai de cette époque un souvenir de soleil, de gentillesse et de totale liberté, en pleine guerre.

L'effondrement des surhommes

Une nuit, j'ai été réveillé par une lumière vive. Deux officiers allemands se tenaient près de moi, une torche électrique à la main, en compagnie de M. Lafaye, le directeur de l'école. Pas de peur, pas de chagrin, mais une pesante sensation : ça recommence ! J'allais être arrêté et probablement tué. Les trois hommes sont partis, je me suis rendormi.

Le lendemain, la cour d'école était pleine de soldats. Les tables étaient dehors, les hommes, torse nu ou en maillot de corps, s'occupaient, se lavaient ou bricolaient. Quand je passais près d'eux, ils me parlaient gentiment et jouaient avec moi. Je me souviens que l'un d'eux s'amusait à me soulever en me tenant uniquement par la tête. Je cherchais à l'éviter. En haut de l'école, il y avait un petit mirador où un soldat en

armes montait la garde. Celui-là ne rigolait pas.
Quand, avec mon copain, nous avons voulu lui rendre
visite, il nous a chassés à coups de pied.

Sur la route, à chaque chicane, une mitrailleuse
était montée. Deux soldats la servaient et, pour nous
amuser, ils ont tiré sur un mur avec des balles explo-
sives qui ont fait éclater les pierres. C'était très intéressant.

Quelques jours plus tard, l'école soudain a été
désertée. J'ai regretté le bourdonnement de vie qui
avait disparu. J'ai entendu dire que les soldats s'étaient
regroupés au centre du village où les FFI les ont pilon-
nés. Les résistants avaient encerclé les Allemands et leur
avaient causé de lourdes pertes.

Après la bataille, je me souviens d'une discussion
entre un habitant que je ne connaissais pas et un résistant facile à reconnaître parce qu'il portait une arme
et un brassard. Le résistant a dit : « Nous avons un
mort et trois blessés graves. »

J'ai dit : « C'est tout ! » Ça m'a échappé parce que
je pensais aux centaines de personnes entassées dans
la synagogue et expédiées dans les trains. Le résistant
m'a jeté un regard noir et le villageois a expliqué : « Il
a perdu toute sa famille. » Le résistant s'est apaisé et
je me suis demandé comment cet inconnu avait pu
connaître mon histoire. Il aurait pu me dénoncer
quand les Allemands étaient là.

Mon copain est accouru : « Viens vite, le curé
veut nous faire sonner les cloches. » La fête recommençait. Dans le vestibule couvert, avant d'entrer dans
l'église, la corde de la cloche passait par un trou du
plafond et pendait au milieu de cet espace. Il fallait

tirer dessus en s'accroupissant afin d'incliner la cloche puis, quand le balancier la faisait revenir de l'autre côté, la corde nous entraînait de plus en plus haut et il fallait vite la lâcher. En montant avec la corde un garçon n'a pas osé se laisser tomber, il s'est élevé jusqu'au plafond où il s'est cogné la tête. C'est ainsi que nous avons sonné les cloches qui annonçaient la libération de Castillon. Notre mission était importante.

Dans les jours suivants, j'entendais les adultes parler de « débarquement ». Le halo affectif, quand ils prononçaient ce mot, me transmettait une joie légère. Ils disaient gaiement « La Rochelle », mais leur visage devenait sombre quand ils parlaient de « Royan ». Je sentais clairement que certains mots étaient porteurs d'espoir et d'autres d'inquiétude. Quand le bonheur s'installait autour de moi, véhiculé par des mots étranges, je me sentais libéré.

C'est au cœur d'un village (peut-être Castillon ?) que j'ai vu pour la première fois des Allemands prisonniers. Assis, abattus, dépenaillés, immobiles, ils regardaient le sol, sans un mot. Ces soldats qui nous avaient vaincus, écrasés, dominés dans la vie quotidienne, les « doryphores[8] », comme on les surnommait, paraissaient à leur tour hébétés par le malheur. Je n'ai pas été heureux de leur effondrement (j'allais presque dire : « Ils ne m'ont jamais fait de mal ! »). J'étais étonné de leurs revers quand je me les rappelais triomphants, défilant à Bordeaux, avec leurs armes, leurs chevaux, leurs musiques et leurs bonbons.

---

8. Doryphore : insecte coléoptère aux élytres rayés de noir qui dévorait les feuilles de pommes de terre, comme les Allemands quand ils réquisitionnaient la récolte.

Je suis revenu chez Margot. La famille Farges recommençait à vivre, elle aussi, avec des tablées, des amis et des radios sans crécelle. On parlait à voix haute maintenant, on commentait les journaux.

Un jour, Margot est arrivée, radieuse. On a couru place des Quinconces. Ma mère m'y emmenait parfois avant la guerre pour prendre l'air et jouer autour d'un énorme bouquet de chevaux en bronze qui crachaient de l'eau. Les chevaux avaient disparu, il y avait foule ce jour-là. On se parlait, on riait et tout le monde s'étreignait. J'étais très étonné de voir des inconnus enlacer Margot qui se laissait embrasser en riant. J'entendais des mots joyeux : « Hiroshima... fin de la guerre... deux cent mille morts. » Une joie folle, la guerre était finie ! On s'attendait à plusieurs millions de morts au Japon, mais grâce à la bombe atomique, il n'y en aurait que deux cent mille : la bonne affaire, la guerre était finie !

C'est alors que j'ai revu la jolie infirmière, celle qui m'avait procuré des boîtes de lait concentré, celle qui m'avait fait signe de plonger sous la dame mourante. Je crois qu'elle est venue chez Margot pour m'inviter à passer quelques jours avec elle et son fiancé au Grand Hôtel de Bordeaux, en face du théâtre. Le général de Gaulle devait y faire un discours et elle avait obtenu que ce soit moi qui lui remette un bouquet de fleurs.

Le fiancé me plaisait parce que je le trouvais élégant dans son uniforme bleu de marin. Sa casquette surtout était magnifique avec ses broderies dorées. Il me l'a prêtée, j'ai fait le pitre en prenant des airs martiaux : grand succès ! Tout le monde riait, puis les fiancés se sont mis à l'écart pour bavarder intimement. J'ai découvert des rideaux, serrés par une cordelette dorée que j'ai aussitôt empruntée pour me faire une casquette imaginaire. Frayeur du jeune couple qui s'est fâché parce qu'ils ont cru que j'avais arraché les fils de la casquette du marin. Je me souviens du sentiment d'injustice et de tristesse que j'ai éprouvé parce que j'avais fait de la peine à des gens que j'admirais et qu'ils m'avaient cru capable de faire une telle bêtise : petit contresens entre les générations.

Le lendemain, Margot n'était pas contente parce que les fiancés m'avaient emmené au théâtre et que, ce soir-là, le spectacle était donné par des danseuses nues, couvertes de plumes. Margot fâchée disait : « Ce n'est pas bien pour un petit garçon. » Moi, j'avais trouvé ça plutôt bien : petit désaccord entre les générations.

La nuit précédant la cérémonie, j'ai entendu un grand remue-ménage dans le couloir de l'hôtel. Je suis sorti de ma chambre et j'ai vu, assis sur une chaise, un homme qui pleurait. Il se tenait la tête et son visage saignait. Un FFI en armes a expliqué : « C'est un milicien qui a réussi à pénétrer dans l'hôtel, il voulait assassiner de Gaulle. » D'autres hommes armés, debout près du milicien, lui envoyaient de temps en temps un coup de crosse, un coup de poing, un coup de pied. L'homme saignait et pleurait. Le matin, il est tombé de tout son long, lentement tué par un coup par-ci, un coup par-là. Ce lynchage a été ma première déception politique. Je devais avoir 7 ans, j'aurais aimé que mes libérateurs qui venaient de vaincre l'armée allemande manifestent un peu plus de noblesse. Mes héros s'étaient comportés comme des miliciens. J'aurais tant voulu qu'ils ne leur ressemblent pas !

Après Hiroshima, la guerre était finie. Les gens tentaient de réapprendre à vivre. Pour certains, le bilan était lourd. J'ai revu ma cousine Riquette quand elle avait 13 ans. J'avais le souvenir de son père, le frère de mon père, ingénieur dans une usine à Espiet, près de Bordeaux. J'avais été parfois chez Tante Hélène, avant la guerre, et j'avais plein de souvenirs heureux. Le père a disparu pendant la guerre, la mère et les deux enfants ont été traqués. Je me souviens de cette grande fille expliquant à sa mère : « On ne peut pas rester dans un pays qui nous a fait ça. Il faut partir en Palestine. » Je crois me rappeler que sa mère voulait rester. « J'appréhende », répétait-elle, avec un mot nouveau pour moi. Riquette m'expliquait : « Il y a là-bas une terre sans peuple pour un peuple sans terre. Nous ferons pousser des fleurs dans le désert. » Je trouvais la formule assez jolie, mais je lui répliquais, du haut de mes 8 ans : « Même si cette terre est un désert, c'est un désert palestinien. Il ne faut pas y aller. » Riquette pensait que la France nous avait agressés. Je jugeais au contraire qu'elle nous avait protégés. Je n'avais plus de famille, mais je pensais que Margot Farges, Marguerite la métayère, M. Lafaye le directeur d'école, l'infirmière, et bien d'autres avaient pris des risques énormes pour héberger et protéger un enfant qu'ils ne connaissaient pas. Pour moi, les Français qui avaient collaboré n'étaient pas les vrais Français puisqu'ils s'étaient mis du côté des Allemands.

Le trauma dans la mémoire

Quarante ans de silence.

Ça ne veut pas dire quarante ans sans récits intimes. Je me racontais beaucoup mon histoire, mais je ne la racontais pas. J'aurais aimé en parler. J'y faisais allusion, j'évoquais les événements passés, mais chaque fois que je laissais échapper une bribe de souvenir, la réaction des autres, interloqués, dubitatifs ou gourmands de malheurs, me faisait taire. On se sent tellement mieux quand on se tait. J'aurais aimé en parler simplement, mais était-ce possible d'en parler simplement ?

Par bonheur, les circonstances inventent des événements qui donnent la parole. En 1985, Philippe Brenot, psychiatre-anthropologue à Bordeaux, organise un colloque dont le thème était « Langages[9] ». Il y avait du beau monde, des gens que j'admirais : Jacques Cosnier (psychanalyste-éthologue), Claude Bensch (physiologiste), Max de Ceccatty (histologiste, spécialiste de la communication cellulaire).

C'est la première fois que je reviens à Bordeaux depuis 1945. Tout se passe bien, les gens sont gais, amicaux et passionnants. Je fais une communication sur les signaux que les animaux adressent à leur propre image dans le miroir. Claude Bensch me complimente, ce qui ne m'ennuie pas.

---

9. Brenot P. (dir.), *Langages. De la cellule à l'homme*, Paris, L'Harmattan, 1989.

Avant l'exposé j'ai pourtant eu un petit trouble. Dans les couloirs du Centre André-Malraux, une jeune femme s'approche de moi et me dit : « Je suis la fille de Suzanne Farges. » Suzanne, la sœur de Margot qui venait le dimanche et tentait de m'apprendre à manger comme un chat. Si la jeune femme s'était approchée de moi, en face à face, je me serais présenté selon les rituels d'usage. Comme il y avait beaucoup de monde, elle a dû se faufiler et s'est retrouvée à mon côté, pour s'adresser à moi. Le rituel de présentation ne se mettait pas en place comme convenu, j'ai été empoté, on m'a appelé à la tribune. Les circonstances ont gâché la rencontre. Que dire à une inconnue qui connaissait mon enfance à cacher ? À ne pas dire ?

Après l'exposé, on passe aux questions des professionnels dans la salle. Un petit monsieur demande le micro, se lève et d'une voix qui se prépare à pleurer dit : « Boris, je t'ai caché pendant la guerre. » Que dire ? Il y a cinq cents personnes dans la salle, le monsieur pleure en racontant un épisode de mon enfance dont je n'ai aucun souvenir. Je comprends mal ce qu'il dit, tellement il sanglote et raconte des choses qui parlent d'un enfant que je ne connais pas. Personne n'ose lui couper la parole.

« Question suivante ? » Un éthologue du CNRS me pose une question technique qui me remet d'aplomb puisqu'elle n'est pas affective.

À la fin de la séance, le monsieur reste dans son fauteuil. Je vais m'asseoir près de lui. Il parle, il parle, me donne une carte de visite et me raconte que lorsque j'étais chez lui, je ne cessais de répéter : « Moi aussi, avant, j'avais une maman. » Il me dit qu'il vit actuellement dans une maison de retraite, nous échangeons nos adresses, on vient le chercher, je mets sa carte de visite dans mon sac parmi une dizaine d'autres, je n'ai pas entendu son nom, je ne sais plus quelle est la carte qui donne son adresse. Encore une rencontre gâchée.

Margot me dira plus tard que ce monsieur, en 1944, a risqué sa vie pour me cacher. Il s'appelait André Monzie. Je n'en ai aucun souvenir. Nous avons correspondu avec politesse : que dire ? Le plus intense n'est pas assez.

En 1995 (peut-être), FR3 Aquitaine m'invite à présenter un de mes livres. Après l'émission, une journaliste me tend un bout de papier : « Une dame a téléphoné, elle se demande si vous n'êtes pas le petit Boris qu'elle a aidé à s'évader. Voici son numéro de téléphone. »

Un taxi m'amène chez elle, dans une grande maison de banlieue. Sa gaieté et sa simplicité me mettent tout de suite à l'aise. Elle s'appelle Descoubès : c'est la jolie infirmière qui m'a donné des boîtes de lait concentré, que j'ai serrée dans mes bras quand j'avais 6 ans et qui m'a fait signe de plonger sous le matelas de la dame mourante. Son mari est là, c'est sûrement le jeune officier de marine qui était avec elle, au Grand Hôtel, le soir où le milicien a été lynché. Il est souriant, absent et me répète plusieurs fois que son officier supérieur ne l'attendait pas quand ils sont arrivés en Syrie.

Je raconte mes souvenirs à Mme Descoubès, nous nous amusons à confronter nos mémoires. Nous partageons les mêmes images, au détail près, nous nous émerveillons de la fiabilité de nos réminiscences. Nous évoquons gaiement notre rencontre à la synagogue, notre passé commun pendant la guerre dans cette sorte de prison. Je lui dis qu'aujourd'hui je trouve amusant d'avoir pu m'évader à 6 ans, grâce à elle, mais je m'étonne que les Allemands aient autorisé la présence d'une ambulance en bas des marches de la synagogue. « Ce n'était pas une ambulance, précise-t-elle, c'était une camionnette. » Je me souviens alors de cet officier qui était entré dans l'« ambulance » pour examiner la dame mourante, un médecin forcément. Je crois me souvenir qu'il avait soulevé un coin du matelas, m'avait vu et avait tout de même donné le signal du départ.

« C'était le capitaine Mayer », dit Mme Descoubès. Il n'a pas soulevé le matelas, il a vu la mourante et a dit : « Qu'elle crève ici ou ailleurs, ce qui compte, c'est qu'elle crève. »

J'avais arrangé mes souvenirs pour donner cohérence à ma représentation du passé. Puisqu'elle était infirmière et qu'il y avait une dame mourante, le véhicule était forcément une ambulance et l'officier allemand était sûrement médecin. C'était logique mais faux. Une camionnette avait été réquisitionnée, car la dame qui avait reçu des coups de crosse dans le ventre mourait par terre. Mauvais effet pour une armée qui avait pour mission de séduire la population française. La foule sur le trottoir, derrière un cordon de miliciens, regardait comment on embarquait les Juifs pour les éliminer. Il fallait leur montrer que l'armée allemande effectuait sa mission avec une grande correction.

J'avais arrangé mes souvenirs pour les supporter sans angoisse. Dans ma représentation de l'événement, ça m'apaisait de penser que l'officier allemand m'avait vu et avait quand même donné le signal du départ vers la liberté. Je n'en étais pas vraiment certain, il me semblait... cette intentionnalité non consciente me permettait de remanier la représentation des événements passés afin de les rendre supportables et de ne pas éprouver ce souvenir comme une condamnation inexorable. Grâce à cet arrangement, je n'étais pas prisonnier du passé, j'échappais au traumatisme.

Je savais que le prénom de Mme Descoubès était Andrée ou Dédé. D'où me venait cette connaissance ? Peut-être avais-je entendu son fiancé l'appeler ainsi au Grand Hôtel, le soir de l'assassinat du milicien ? Deux sources différentes peuvent donc confluer pour donner un seul souvenir !

Elle a dit : « Tu répétais sans cesse : "Ah ça ! Une journée pareille, je ne l'oublierai jamais !" » Me tutoyait-elle, parce qu'elle m'avait connu enfant ? Je ne sais pas. Je m'étonne d'avoir oublié que j'avais dit que je n'oublierais jamais. Comment avais-je fait pour penser que, dans la vie qui m'attendait, je n'oublierais jamais, alors que quelques minutes avant j'avais clairement compris qu'on voulait me tuer ?

Elle avait peut-être 75 ans le soir de cette rencontre. Elle était encore jolie avec ses cheveux blancs. Je lui ai avoué que lorsqu'elle m'apportait les boîtes de lait concentré, je la trouvais très belle avec ses cheveux blonds. Elle a souri, s'est levée et est revenue avec une photo d'elle, jeune femme en uniforme d'infirmière de la Croix-Rouge, belle en effet, avec ses cheveux noirs, comme un corbeau.

La vie est folle, n'est-ce pas ? C'est pour ça qu'elle est passionnante. Imaginez que nous soyons équilibrés dans une existence paisible, il n'y aurait ni événement, ni crise, ni trauma à surmonter, de la routine uniquement, rien à mettre en mémoire : nous ne serions même pas capables de découvrir qui nous sommes. Pas d'événements donc pas d'histoire, pas d'identité. Nous ne pourrions pas dire : « Voilà ce qui m'est arrivé, je sais qui je suis puisque je sais ce dont je suis capable face à l'adversité. » Les êtres humains sont passionnants parce que leur existence est folle.

La mourante n'est pas morte

Il y a deux mois, j'ai été invité à donner une conférence chez Orange, à Montrouge. Organisation parfaite, personnel souriant, une dame s'approche de moi et me dit d'un air complice : « Après l'exposé, vous aurez une belle surprise, Mme Blanché est là. » Dans ces cas-là, j'ai l'habitude de prendre un air extatique et de chevroter « Aaaah... », car je ne sais pas qui est Mme Blanché.

Après la conférence, on m'entraîne dans une petite pièce où une jeune femme me dit : « Je m'appelle Valérie Blanché, je suis la petite-fille de la dame mourante sous laquelle vous vous êtes caché lors de votre évasion. » Des gens que je ne connais pas assistent, émerveillés, à une rencontre dont je ne comprends pas le sens. Je finis par entendre que la mourante s'appelait Gilberte Blanché, que sa petite-fille est devant moi, je cafouille les dates et les noms, alors nous décidons de nous revoir dans un endroit silencieux.

Valérie me donne un petit dossier avec des photos de sa grand-mère qui ressemble à un prototype de femme espagnole. Elle est née à Bordeaux, elle avait 26 ans quand elle a été raflée en même temps que moi et deux cent vingt-sept autres personnes. Je me rappelle qu'elle avait reçu un coup de crosse qui lui avait éclaté la rate et qu'elle était en train de mourir d'hémorragie interne.

Curieux, ce souvenir ! À l'âge de 6 ans, je pouvais comprendre qu'elle était en train de mourir, mais le coup de crosse, d'où le savais-je ? Je ne l'avais pas vu. Et la notion de rate éclatée qui provoque une hémorragie interne, d'où venait-elle ?

J'ai encore en mémoire une image indiscutable : l'arrière du véhicule est sombre… sur un matelas une dame est couchée sur son côté gauche, le visage contre la paroi… L'infirmière me fait monter vite dans la voiture… Quelqu'un soulève le matelas… je plonge dessous, le matelas se rabaisse… Je ne bouge pas… Je sens le poids de la dame sur moi. Je vois le soldat allemand entrer dans la camionnette pour examiner la dame. Il est impossible que je l'aie vu. J'ai dû entendre ses pas, sentir quelques mouvements au-dessus de moi, mais le voir certainement pas.

Pour composer ce souvenir, j'ai fait confluer plusieurs sources, j'ai ajouté à des images précises d'autres informations telles que le bruit, les mouvements du soldat, quelques mots peut-être entendus : « On peut partir ?… Elle va mourir ?… » et une notion acquise beaucoup plus tard, lorsque j'étais étudiant en médecine et que j'ai appris qu'un violent coup dans l'abdomen

pouvait faire éclater la rate et provoquer une hémorragie interne.

En faisant converger ces sources différentes, je me
suis fabriqué un souvenir cohérent.

Valérie me raconte que sa grand-mère, emmenée
à l'hôpital, avait la paroi abdominale déchirée par les
coups de crosse. Ayant été opérée, elle avait échappé
à Auschwitz ! Elle confiait à sa petite-fille qu'elle se
demandait souvent ce qu'était devenu le petit qui
s'était caché sous elle et qu'elle l'avait cherché pendant
quarante ans. Valérie me raconte qu'elle avait 4 ans
quand sa grand-mère a dit : « Les Allemands, en me
torturant et me laissant pour morte, nous ont sauvé
la vie à moi et au petit… » Sa grand-mère a ajouté
une phrase qui a déterminé une grande partie de sa
vie : « "Il ne faut pas être juif, car si les Allemands
reviennent ils mettent les enfants dans un wagon, les
parents dans un centre et les emmènent à… Auschwitz
pour les tuer…" Je ne savais même pas ce que signifiait
être juif… »

À l'âge où les petites filles adorent les histoires
de princesses, c'est une histoire d'horreur que Valérie
entendait sans la comprendre : « Qu'est-ce qu'être
juif ? Pourquoi met-on des enfants dans les wagons
pour les tuer[10] ? »

Gilberte Blanché, la survivante, aurait préféré se
taire, mais un soir, la petite fille en entrant soudaine-
ment dans la chambre, avait surpris l'abdomen de sa
grand-mère, déformé par les déchirures et les coutures

---

10. Valérie Blanché, *Le Secret de Mamie. « Le petit »*, texte que m'a donné Valérie,
2011.

chirurgicales. Elle avait cru que son grand-père l'avait maltraitée. Alors, il avait bien fallu lui expliquer !

Ce « secret » partagé avait renforcé la complicité entre la grand-mère et la petite-fille qui entendait souvent parler du « petit » : « Je l'ai souillé de mon sang », disait Gilberte. « Mais non, tu l'as sauvé de ton sang », lui répondait la petite Valérie.

Plus tard, Valérie s'est intéressée aux livres qui parlaient de résilience sans penser que l'auteur était justement « le petit ». Jusqu'au jour où elle a lu *Je me souviens*[11] et a pu établir le lien surprenant : le petit était enfin retrouvé, mais Gilberte a quitté le monde à ce moment, sans avoir pu le rencontrer.

Je n'ai aucun souvenir de ce sang sur moi, aucun souvenir du moment où je suis sorti de la camionnette ! Mon image suivante, c'est la marmite et la malédiction du cuisinier : « Cet enfant est dangereux ! »

Quand la mémoire est saine, une représentation de soi cohérente et apaisante se construit en nous : « Tous les étés, la famille se réunit dans une maison de campagne sans confort où nous passons nos journées à préparer les repas, les promenades et les jeux avec les cousins et les cousines. » Le fait de me rappeler ceux que j'aime et ceux qui m'irritent, l'évocation des jeux où j'excelle et ceux où je suis mauvais, me permet de planifier mes conduites à venir. Cette représentation cohérente de moi me donne confiance puisque, désormais, je sais ce que je dois faire pour me sentir à l'aise : je vais monter à cheval avec la cousine Berthe, jouer au ping-pong avec Angèle et éviter l'oncle Alfred qui

11. Cyrulnik B., *Je me souviens*, Paris, Odile Jacob, « Poches Odile Jacob », 2010.

me crispe à force de me taquiner. En mettant en liaison ces souvenirs, je me fais une représentation claire où je saurai vivre en confiance. La personne dont la mémoire est saine met en lumière quelques objets, quelques mots, quelques événements qui constituent une représentation claire.

Une mémoire traumatique ne permet pas la construction d'une représentation de soi sécurisante puisque en l'évoquant on fait revenir en conscience l'image du choc. Soudain est survenu un événement insensé : comment mettre en lien une condamnation à mort, soudain la nuit, suivie d'une longue traque où un simple mot, en s'échappant, fait revenir le risque de mourir ? Un geste, en vous trahissant, transforme en ennemis des gens qui, deux secondes avant, vous déclaraient leur affection et qui soudain se glacent. Il suffit d'articuler le mot « juif » pour que tout soit bouleversé. Il suffit de se taire pour être autorisé à vivre.

Dans la mémoire saine, la représentation de soi raconte la manière de vivre qui nous permet d'être heureux. Dans la mémoire traumatique, une déchirure insensée fige l'image passée et brouille la pensée.

On peut tenter de vivre au prix d'une interdiction de dire, d'une amputation de soi. On ne fait silence que sur un thème précis, le reste de la personne s'exprime avec aisance. Ce style relationnel donne de soi une image énigmatique qui intrigue nos proches, les amuse ou les désoriente.

Sans événement, que pourrait-on mettre en mémoire ? Quand les enfants abandonnés font le récit de leur vie, leurs longs trous de mémoire correspondent aux périodes d'isolement. Le monde intime ne se remplit que de ce que les autres y mettent : les fêtes, les disputes, les événements imprévus. Personne ne donne la même signification à un même fait. L'émotion attribuée au scénario mis en mémoire dépend de l'histoire du sujet, ce qui revient à dire que, dans une même situation, chacun se construit des souvenirs différents.

Prison du passé et plaisir de vivre

Quand j'ai été arrêté, la vie est revenue en moi, parce que avant cette rupture j'avais subi un isolement protecteur. Dans la voiture où l'on m'a poussé, un homme pleurait : pour lui, la vie allait finir.

Si je n'avais pas été égayé par mon arrestation, je n'aurais pas été attentif à ce que disaient les adultes, je n'aurais pas suivi les jeunes qui cherchaient à s'enfuir, je n'aurais pas trouvé l'invraisemblable solution de me blottir sous le plafond. Abattu, je me serais laissé sécuriser par la dame qui rassemblait les enfants sur la couverture en les attirant avec du lait concentré sucré, facilitant ainsi leur mise à mort.

C'est le contexte qui attribue une signification à l'événement présent. C'est ainsi que le petit Maurice, survivant du ghetto de Lodz, raconte : « J'ai pris un train, c'était la première fois, j'étais heureux. Il me menait à la mort[12]. »

---

12. Gleitzman M., *Un jour,* Les Grandes Personnes, cité par Rachel Drezdner, doctorante, Toulon-Nantes, 2012.

Sans événement extérieur, rien à mettre dans son monde intérieur. Quand la mémoire est saine, la claire représentation de soi permet de planifier nos conduites à venir. Quand une catastrophe nous déchire, la routine ne parvient plus à résoudre ce problème imprévu, il faudra trouver une autre solution. Mais quand la déchirure nous anéantit parce qu'elle est trop intense ou parce que nous étions fragilisés par des blessures antérieures, nous demeurons sidérés, hébétés, en agonie psychique.

La clinique du traumatisme décrit une mémoire particulière : intrusive, elle s'impose comme un scénario douloureux qui s'empare de notre âme. Prisonniers du passé, nous revoyons sans cesse les images insupportables qui, la nuit, peuplent nos cauchemars. La moindre banalité de la vie réveille la déchirure : « La neige qui nous fait penser à nos Noëls en montagne fait revenir en moi l'image des cadavres gelés d'Auschwitz... », dit le survivant.

« Le ciel bleu et la chaleur évoquent invinciblement le camp japonais où j'ai failli mourir en 1945 », se rappelle Sidney Stewart[13].

La mémoire traumatique est une alerte constante pour un enfant blessé : quand il est maltraité, il acquiert une vigilance glacée et, quand il a vécu dans un pays en guerre, il continue à sursauter au moindre bruit, même quand la paix est revenue. Fasciné par l'image d'horreur installée dans sa mémoire, le blessé

---

13. Stewart S., *Mémoire de l'inhumain. Du trauma à la créativité*, préface de Joyce McDougall, Paris, Campagne Première, 2009.

s'éloigne du monde qui l'entoure. Il paraît indifférent, émoussé, comme engourdi. Son âme, possédée par le malheur passé, ne lui permet plus de s'intéresser à ce qui vit autour de lui. Il paraît lointain, étrange, alors que son monde intime bouillonne.

Cette emprise de la mémoire traumatique provoque des réactions qui altèrent sa manière d'entrer en relation. Pour moins souffrir, le blessé évite les lieux où il a subi le trauma, les situations qui pourraient y faire penser et les objets qui pourraient l'évoquer. Et, surtout, il s'empêche de dire les mots qui réveilleraient la blessure. Pas facile de côtoyer ce blessé muet qui se met lui-même en situation d'étranger. Sa défense recroquevillée, en enkystant la souffrance, l'empêche de partager ses émotions. Prisonnier de son hypermémoire, fasciné par une image horrible, le blessé n'est pas disponible pour les autres. Il a perdu la liberté de chercher à comprendre et à se faire comprendre. Isolé parmi les autres, il se sent seul, chassé de la condition humaine : « Je ne suis pas comme les autres… un monstre peut-être ? »

Je me demande pourquoi je n'ai pas souffert de ce type de mémoire. J'ai rapidement compris qu'il suffisait de me taire pour parler aisément. Je m'explique : il suffit de ne pas prononcer le mot « juif ». Facile, je ne savais pas ce que ce mot désignait. Je n'avais jamais vu de Juif autour de moi. J'ai des souvenirs de « mère » : le jour où elle attendait, debout, que je termine de lacer ma chaussure ; le jour où elle m'a forcé à rapporter la petite poupée que je venais de voler dans un magasin de jouets ; le jour où l'on faisait la chasse

à la puce, on plongeait sur le lit en hurlant de rire.
Voilà, plein de scénarios comme ça.

J'ai des souvenirs de « père », quand il partait travailler dans son atelier d'ébéniste, quand il me coursait
autour de la table pour me punir de je ne sais quoi,
quand il lisait le journal en disant : « Oye, oye, oye. »

J'ai entendu le mot « juif » pour la première fois
la nuit où j'ai été arrêté, quand le policier a expliqué
à Mme Farges qu'il fallait me mettre en prison parce
que j'allais commettre un crime.

À la libération de Castillon, un minuscule événement m'avait encore troublé. Quand le FFI avait
dit : « On a un mort et trois blessés », et que j'avais
répondu que ce n'était pas beaucoup. L'inconnu qui
parlait avec le résistant lui avait expliqué que j'avais
répondu comme ça parce que j'avais perdu ma famille
et qu'il ne fallait pas m'en vouloir. Puis, il m'avait
demandé si j'avais des cauchemars ou des colères sou-
daines. Il savait donc que j'avais été arrêté, que je
m'étais évadé et que M. Lafaye me cachait dans son
école. J'avais beau me taire, cet inconnu savait sur
moi ce qu'il fallait cacher pour avoir le droit de vivre !
Il voulait même entrer dans mon âme pour savoir
si cette cascade d'événements me provoquait des cauchemars.

Je crois avoir pensé : « On ne se cache jamais
assez. Il faut que je parte, ailleurs, dans un pays où
personne ne connaîtra mon histoire. Alors, seulement,
je serai libre. Plus j'apprendrai à me taire, plus je pourrai parler librement. » C'est aujourd'hui que je pense
que j'ai pensé ainsi. Probablement, je n'ai pas employé
ces mots dans mon langage d'enfant, mais j'ai dû

éprouver une sensation que ces mots traduisent aujourd'hui.

On disait que j'étais bavard comme une pie, je racontais des histoires, j'adressais la parole à des inconnus dans la rue. Qui aurait pu penser que je parlais pour me taire ? Les mots que je disais servaient à cacher ceux qu'il ne fallait pas dire. Ma stratégie relationnelle était claire : bavarder avec les autres pour les amuser, les intéresser et me cacher ainsi derrière ces mots partagés. Cette protection me permettait de me raconter une autre histoire, à bouche fermée celle-là, avec des mots non socialisables qui constituaient pourtant le socle de ma vie mentale. Je me racontais ce que je ne pouvais dire. À force de répétitions, mon récit se simplifiait. Quand certains souvenirs s'éclairaient, d'autres se mettaient dans l'ombre. Je me racontais l'évasion ou plutôt je la voyais comme au cinéma. Et je détaillais aussi la gentillesse du soldat en uniforme noir, celui qui m'avait montré les photos de son petit garçon, je m'étonnais du militaire qui avait donné le signal de ma libération sous la dame mourante : je m'appliquais à me tromper, j'arrangeais ma mémoire pour la rendre supportable !

L'horreur finissait même par devenir belle : la gentillesse du soldat noir, l'indulgence du médecin militaire, la beauté de l'infirmière, la protection du grand garçon qui m'appelait « Pitchoun », les rires des ouvriers agricoles qui me faisaient trop boire, la camaraderie de mon ami voyou avec qui je lançais des pierres et volais du raisin muscat, tous ces vrais souvenirs joliment arrangés m'aidaient à ne pas souffrir de ce passé.

Tout n'allait pas si mal, finalement. Je mettais de côté le scout qui m'avait dénoncé, le cuisinier qui hurlait de colère en me voyant, la religieuse qui fermait la porte en me laissant dehors parce que j'étais un enfant dangereux.

J'éprouvais une petite irritation contre ces instituteurs qui, pour m'aider à fuir l'école, m'avaient mis une cagoule sur la tête, avaient sifflé la fin de la récréation et m'avaient entouré pour me cacher à la vue des gamins, accrochés aux fenêtres et excités à l'idée d'assister à un sauvetage. En m'abritant ainsi, ils me désignaient à l'éventuel dénonciateur ! Ils prenaient des risques, bien sûr, mais je crois qu'ils jouaient à me protéger. Je n'ai pas aimé.

Cet arrangement avec ma mémoire donnait cohérence à l'insensé, rendait l'horreur supportable et même la transformait en conte avantageux. Je les avais feintés, ces persécuteurs, j'avais été plus malin que l'armée allemande et la Gestapo réunies. J'éprouvais presque un sentiment de force : pour être libre, il suffit de se taire et d'agir sans s'expliquer.

Je venais de mettre en place un style relationnel qui allait caractériser mon existence à venir. Ce travail de narration intime arrangeait ma mémoire pour embellir l'insupportable. Je n'étais plus un objet bousculé par le destin, je devenais sujet de l'histoire que je me racontais, peut-être même le héros !

Étrange clarté

Je ne me rendais pas compte qu'en me taisant, je donnais aux autres une étrange image de moi : « Pendant qu'il parle clairement, on entend comme en écho, le murmure de ses fantômes. » Après la guerre, un grand nombre de mes copains d'école ont dû éprouver un sentiment qui correspond à cette phrase puisqu'ils avaient pour moi une gentillesse intriguée qui révélait leur trouble.

Je me rappelle Max qui me couvrait de cadeaux étranges. Il avait 11 ou 12 ans quand il m'apportait au lycée des sacs de linge de son père, soigneusement plié par sa mère. Puis il me posait beaucoup de questions sur ma famille. Je répondais en enjolivant ma famille d'accueil : « Mon père [d'accueil] organise des fêtes de quartier. Ma mère [d'accueil] est très élégante et parle plusieurs langues. » Je ne mentais pas, mais quand je disais « mon père », Max devait entendre « d'accueil », comme un murmure associé. Et quand je précisais que ma mère parlait plusieurs langues, cette vérité me permettait de ne pas dire qu'elle parlait le français avec un accent, un peu le polonais et le yiddish parfaitement.

Ce flou verbal me permettait de protéger ma famille d'accueil et d'en donner une belle image afin de me présenter comme un enfant normal, comme tout le monde.

Je savais que Max parlait de moi à ses parents puisqu'ils lui donnaient des petits cadeaux à me

transmettre : un carton à dessins, une boîte de peinture, deux caleçons longs, trois chemises. Bizarre, non ?
Il me posait beaucoup de questions sur ma famille.

Quand nos fantômes font écho à ce que nous
racontons, ils provoquent souvent de petits bre-
douillis : « Il a une drôle de manière de dire "ma
mère", de parler de sa famille, c'est étrange », devait
penser Max. En désirant m'aider, il ne pouvait pas
deviner qu'il me contrariait un peu. En m'obligeant
à mettre en lumière ce que je voulais mettre dans
l'ombre, il m'agressait sans le vouloir. Le yiddish qui,
dans sa grande sagesse, a constaté ce trouble amical
dit : « Pourquoi me fais-tu tant de reproches ? Je ne
t'ai jamais fait de bien ! »

Je disais « ma mère » sans y croire vraiment, mais
si j'avais dit « ma tante », j'aurais eu droit à un fleuve
de questions sur une période de ma vie chaotique, dan-
gereuse, accablante où il était question de la mort.
Aurais-je pu dire ça simplement ? Max, dans sa gentillesse intriguée, me mettait mal à l'aise en m'invitant
à parler d'une histoire que je me racontais sans cesse,
mais qui me paraissait impossible à partager.

Cette relation d'amitié inquiétante est merveilleu-
sement illustrée par *Au revoir les enfants*, le film de
Louis Malle. Le 15 janvier 1944, les soldats allemands
encerclent le petit-collège des Carmes, près de Fontainebleau. Trois élèves sont arrêtés pendant les cours
devant leurs camarades médusés. « Des agents de la
Gestapo, en civil, effectuent les arrestations. Ils sont
bien informés : ils vont directement dans les classes
respectives de chacun des élèves juifs, "une dénoncia-

tion circonstanciée avait révélé à la Gestapo les noms des enfants, le plan, l'horaire du collège…[14]" »

En octobre 1943, Jean Bonnet rencontre Louis Malle qui lui dispute la première place en classe[15]. Ils deviennent très amis. Les dortoirs sont immenses, la nourriture rare, mais les prêtres apportent beaucoup de chaleur dans l'éducation et les relations humaines. Louis s'attache à Jean qu'il admire mais dont le mélange de maturité et de réserve l'intrigue. Comme tous les enfants, Louis parle de sa famille, il est désorienté quand Jean, qui d'habitude est clair, bredouille et répond évasivement en donnant des nouvelles de sa mère.

Un matin d'hiver, « deux Allemands en civil sont entrés dans la classe et ont interrompu le cours […], ils ont appelé Bonnet par deux fois. La première fois, le professeur lui a fait signe de ne pas bouger et, la seconde fois, il s'est levé avec sérénité, nous a serré la main à tous. Le professeur était en larmes. Nous ne comprenions pas[16] ».

Soudain pour Louis Malle le voile se lève, l'énigme est résolue : Jean Bonnet est juif ! Voilà qui explique son étrangeté : excellent élève, très bon camarade, il était accompagné d'un fantôme qui le faisait bredouiller et répondre à côté quand on le questionnait sur sa famille ou quand on lui demandait de quel village il venait.

---

14. Braunschweig M., Gidel B., *Les Déportés d'Avon. Enquête autour du film de Louis Malle, Au revoir les enfants*, Paris, La Découverte, 1989, p. 35.
15. Matot B., *La Guerre des cancres. Un lycée au cœur de la Résistance*, Paris, Perrin, 2010, p. 221.
16. Témoignage de Charles Louis La Caze, élève de cinquième, dans la même classe que Louis Malle et « Jean Bonnet », *in* M. Braunschweig et B. Gidel, *Les Déportés d'Avon*, *op. cit.*, p. 35.

Pendant quarante ans, les enfants de cette classe de cinquième ont poursuivi leur chemin de vie, en gardant en mémoire ce phénomène incompréhensible : « Nos camarades ont disparu. Nous ne savons ni leur nom, ni leur histoire, ni celle de leur famille. Le projet *Nacht und Nebel* avait réussi[17]. »

Louis Malle apprendra plus tard que son jeune ami Hans-Helmut Michel, né à Francfort, est entré dans la chambre à gaz à Auschwitz le 6 février 1944[18], tandis que le père Jacques, directeur du petit-collège, mourait en déportation à Mauthausen.

Toute sa vie, Louis Malle s'est demandé si, sans le faire exprès, au moment où soudain il découvrait ce que cachait son camarade, un enfant ne l'aurait pas regardé, le désignant ainsi d'un bref coup d'œil à la Gestapo. Raisonnablement, c'est improbable mais fantasmatiquement, allez savoir[19] !

Mémoire traumatique

Quand on a connu une expérience pareille, un circuit de mémoire se trace dans notre cerveau. Nous devenons hypersensibles à un type d'informations que, désormais, nous percevons avec plus d'acuité que les

---

17. Témoignage de Guy de Vogüé, élève de troisième en 1944 au petit-collège, enquête des élèves du collège d'enseignement public d'Avon.
18. Matot B., *La Guerre des cancres, op. cit.*, p. 221.
19. Louis Malle, lettre personnelle, décembre 1988. En fouillant dans les archives, je découvre que « Jean Bonnet » a été élève au lycée Jacques-Decour où j'irai après la guerre et a été arrêté le 15 janvier 1944, cinq jours après moi.

autres. Ainsi se constitue « le monde caché de la mémoire implicite [...]. Quand les expériences passées influencent inconsciemment nos perceptions, nos pensées et nos actions[20] ».

Le monde que je perçois avec ma sensibilité acquise confirme l'empreinte de ce qui s'est passé : ayant été en danger, j'en perçois plus facilement tous les signaux. Les enfants qui ont été maltraités perçoivent le moindre indice qui pourrait annoncer la maltraitance : une mâchoire à peine crispée, une soudaine fixité du regard, un minuscule froncement de sourcils indiquent la préparation à l'acte violent. Un adulte qui n'a jamais connu cette expérience dira qu'on se fait des idées, qu'on exagère certainement.

Le souvenir est une mémoire différente : je vais chercher dans mon passé les images et les mots qui composent un scénario qui me représente. Dans mes traces de mémoire, je n'ai que faire des souvenirs. La mémoire de mon corps n'a pas besoin de scénario pour faire du vélo. Mes muscles et mes organes d'équilibre ont acquis une habileté physique qui se passe de souvenirs. Mais quand Louis Malle se rappelle son amitié énigmatique avec Jean Bonnet et qu'il en fait un film, c'est lui qui organise la représentation de ce qui s'est passé. C'est pourquoi il peut croire qu'il a peut-être désigné son ami à la Gestapo, tout autant qu'il peut décider de faire un film à sa mémoire. Il ne fait pas revenir le passé, il en remanie la représentation.

---

20. Schacter D. L., *À la recherche de la mémoire. Le passé, l'esprit et le cerveau*, Bruxelles, De Boeck Université, 1999, p. 24.

C'est un peu comme ça que fonctionne la mémoire traumatique : une image claire étonnamment précise, entourée de perceptions floues, une certitude enveloppée de croyances. Ce type de mémoire proche d'une empreinte biologique n'est pas inexorable, quoique tracée dans le cerveau. Elle évolue au gré des rencontres qui entraînent le cerveau à réagir différemment. Lorsque le milieu change, l'organisme stimulé autrement ne sécrète plus les mêmes substances. Tout trauma modifie le fonctionnement cérébral : la méthylation de l'ADN et l'apparition d'histones constituent les altérations les plus fréquentes. Désormais, la bandelette génétique ne s'exprime plus de la même manière et nous ne sommes plus attentifs aux mêmes signaux. Ces modifications épigénétiques sont très précoces[21] : on découvre actuellement l'importance du stress prénatal et de l'appauvrissement de la niche affective qui entoure un nouveau-né. Même si la mère est le principal organisateur de cette niche sensorielle, on ne peut tout de même pas la rendre responsable de la guerre qui détruit sa famille, de la précarité sociale qui délabre son logement ou de la violence conjugale provoquée par un mari alcoolique ! Dans tous ces cas, la niche affective qui entoure un bébé est appauvrie, et son cerveau n'est plus harmonieusement stimulé.

Les conditions adverses organisent un milieu qui peut troubler le développement de l'enfant. La cascade de petits traumatismes quotidiens répète des déchirures

---

21. Dudley K. J., Xiang L., Kobor M. S., Kippin T. E., Bredy T. W., « Epigenetic mecanisms mediating vulnerability and resilience to psychiatric disorders », *Neuroscience and Biobehavioral Reviews*, 2011, 35, 7, p. 1544-1551.

moins spectaculaires qu'une catastrophe naturelle ou une arrestation par la Gestapo, et pourtant elle abîme le développement. Ces difficultés épigénétiques accroissent la vulnérabilité de l'enfant. Désormais, un rien pourra le blesser.

Lorsqu'on parvient à supprimer le malheur social ou relationnel qui a appauvri la niche, lorsqu'on a pu l'enrichir en modifiant les relations ou lorsqu'on a proposé un substitut environnemental, ces vulnérabilités neurologiques acquises peuvent disparaître[22].

Ce qui revient à dire que tous les cerveaux ne réagissent pas de la même manière selon leur structuration antérieure à l'événement traumatique. Un enfant qui, au cours des premiers mois de sa vie, a reçu l'empreinte d'un attachement sécure[23], est plus difficile à blesser qu'un enfant qui a déjà souffert parce qu'il a été malade ou parce que son entourage précoce a été délabré par un malheur de l'existence.

L'impact d'un événement sera moins traumatisant si, avant le fracas, l'enfant ayant acquis un attachement sécure a appris un outil précieux de la maîtrise émotionnelle : l'aptitude à verbaliser.

Certaines situations spontanées permettent d'analyser ce facteur de protection. Quand il y a des jumeaux militaires, il arrive qu'un seul soit envoyé au combat et

22. Bredy T. W., Barad M., « The histone deacetylase inhibitor valproic acid enhances acquisition, extinction, and reconsolidation of conditioned fear », *Learning Memory*, 2008, 15, p. 39-45.
23. Nous avons conservé l'anglicisme attachement « sécure » pour signifier qu'un tel enfant a acquis un sentiment de sécurité, même s'il est seul. Alors qu'un enfant sécurisé a besoin de la proximité de sa figure d'attachement pour se sentir bien.

revienne traumatisé. Les tests qui permettent d'évaluer la mémoire visuelle et la mémoire verbale ont été validés. On constate alors que le jumeau traumatisé obtient un score très faible à la mémoire verbale[24]. On pourrait même dire qu'il a trop de mémoire visuelle puisqu'il souffre d'un syndrome psychotraumatique où les images d'horreur s'imposent dans son monde intime.

Cependant, lorsqu'on fait la même évaluation chez le jumeau non traumatisé, on constate qu'il a, lui aussi, un mauvais score de mémoire verbale. On peut penser que cette fragilité verbale, en cas d'événement terrorisant, aurait laissé s'installer, chez lui aussi, un syndrome traumatique.

D'autres études démontrent que les soldats qui savent manipuler l'outil verbal souffrent moins de syndrome traumatique[25]. On peut donc en déduire que les deux facteurs de protection les plus précieux sont l'attachement sécure et la possibilité de verbaliser. Le fait d'être apte à se faire une représentation verbale de ce qui nous est arrivé, et de trouver quelqu'un à qui adresser ce récit, facilite la maîtrise émotionnelle. Le sentiment de sécurité empêche ainsi la mémoire visuelle de s'emparer du monde intime en y imposant des images d'horreur. Tous les traumatisés ont une claire mémoire d'images et une mauvaise mémoire de mots[26].

---

24. Gilbertson M., Paulus L. A., Williston S. K., « Neurocognitive function in monozygotic twins discordant for combat exposure : Relationship to posttraumatic stress disorder », *Journal of Abnormal Psychology*, 2006, 115, 3, p. 484-495.
25. Samuelson K. W., « Post-traumatic stress disorder and declarative memory functioning : A review », *Dialogues in Clinical Neuroscience*, 2011, vol. 13, n° 3, p. 346-351.
26. Johnsen G. E., Asbjørnsen A. E., « Consistent impaired verbal memory in PTSD : A meta-analysis », *Journal of Affective Disorders*, 2008, 111, 1, p. 74-82.

Le développement qui fragilise l'âme et en cas de malheur laisse s'installer un syndrome traumatique est donc déterminé par un isolement sensoriel et une difficulté à verbaliser, antérieurs au trauma. Cela explique pourquoi, dans une situation effrayante, ceux qui ont été sécurisés et ont appris à communiquer sont moins traumatisés. Néanmoins, lorsqu'on doit survivre dans des conditions adverses, les microtraumas répétés chaque jour, en isolant et en empêchant la parole, finissent par faire acquérir une vulnérabilité à laquelle on avait échappé. Vivre dans des conditions adverses provoque des altérations neurobiologiques analogues à celles d'un trauma flagrant : réduction du volume hippocampique qui altère la mémoire et empêche de contrôler les émotions[27].

Dans la mémoire traumatique, un souvenir s'impose. La personne isolée a acquis une vulnérabilité neuroémotionnelle. Si, de plus, elle maîtrise mal l'outil verbal ou si son milieu l'empêche de parler, toutes les conditions de la souffrance traumatique seront réunies[28] : mémoire figée, le sujet prisonnier de son passé ne peut que ruminer et souffrir de réminiscences.

27. Bremner J. D., Vythilingham E. M., Vermetten E. *et al.*, « MRI and PET study of deficits in hippocampal structure and function in women with childhood sexual abuse and posttraumatic stress disorder », *The American Journal of Psychiatry*, 2003, 160, p. 924-932.
28. Williams J. M., Baruhofert T. *et al.*, « Autobiographical memory specificity and emotional disorder », *Psychological Bulletin*, 2007, 133 (1), p. 122-148.

Mémoire vivante

Si, avant le trauma, le sujet était sécurisé et parlait correctement, si, après la déchirure, il a été soutenu et écouté, la mémoire évolue puisqu'elle est saine. Alors la représentation de ce qui lui est arrivé change avec le temps et selon le contexte familial et culturel. Quand la mémoire est saine, les souvenirs s'arrangent.

Maria Nowak était très jeune quand les persécutions antisémites ont explosé en Pologne pendant la Seconde Guerre mondiale. Sa famille morte, ses amis détruits, elle est parvenue à s'enfuir en France où elle a traversé la guerre en se réfugiant sous un escalier. Quelques années plus tard, alors qu'elle est devenue étudiante, un ami l'invite à dîner : « Il m'emmène dans un bistrot du quartier Latin. À table, il me dit : "Tu as faim ?" Je réponds : "Non, ça va, maintenant je mange tous les jours[29]." »

Cette saynète permet d'illustrer comment, quand la mémoire est vivante, les souvenirs anciens donnent une connotation affective aux événements présents. Maria avait souffert de la faim pendant plusieurs années. Pour elle, « Tu as faim ? » ne pouvait pas signifier : « J'espère que tu as de l'appétit ce soir. » Cette question, à ses yeux, ne pouvait qu'évoquer ses souffrances passées. Elle a répondu à la question présente par une signification passée.

---

29. Nowak M., *La Banquière de l'espoir*, Paris, Albin Michel, 1994, p. 126.

La contamination affective du présent par le passé s'ajoute aux distorsions inévitables de la représentation des faits passés. « Les nouveaux souvenirs sont inévitablement influencés par les vieux souvenirs, ce qui ouvre la voie à des distorsions relativement fréquentes[30]. »

Après un accident de voiture, le trauma crânien provoque un trou de mémoire. Quand, quelques semaines plus tard, on demande aux accidentés s'ils ont eu un trou de mémoire, presque tous situent l'arrêt entre le dernier souvenir (« Je prenais l'autoroute ») et la réapparition quelques heures ou quelques jours plus tard (« J'étais dans un lit d'hôpital »). Quand ces mêmes personnes sont interrogées un ou deux ans plus tard, elles soutiennent souvent qu'elles n'ont jamais eu de trouble de mémoire. Elles se souviennent qu'elles étaient coincées sous les tôles, dans la voiture écrasée contre un mur. Il n'est pas difficile de constater qu'elles sont en train de décrire les photos d'assurance[31] !

Après l'attentat du 11 septembre 2001 à New York, le même phénomène a été constaté. La plupart des survivants des Twin Towers, interrogés tout de suite après l'attentat, étaient plutôt hébétés, comprenant mal ce qui s'était passé, ralentis, confus, ils étaient imprécis. Qu'est-ce qui est arrivé ? Est-ce que je suis blessé ? Est-ce que ça va recommencer ? sont leurs questions habituelles.

30. Schacter D. L., *À la recherche de la mémoire, op. cit.*, p. 130.
31. Loftus E. F., Pickrell J. E., « The formation of false memories », *Psychiatric Annals*, 1995, 25, p. 720-725.

Quelques jours plus tard, ils répondaient mieux et commençaient à faire un récit clair. L'année suivante, le compte rendu était précis : ils avaient vu un avion s'encastrer dans la tour, ils avaient calmement descendu les escaliers, avaient croisé de courageux pompiers, entendu les corps de ceux qui s'étaient jetés par les fenêtres exploser sur le sol, avaient essuyé la suie du visage de leurs amis[32]...

Ils avaient rassemblé des souvenirs épars afin de donner cohérence à l'impensable. Ils avaient fait converger la mémoire de leur corps (le choc, l'hébétude, la peur, la fatigue) avec les récits collectifs (images venues d'ailleurs). Cette amnésie de la source, en donnant une seule représentation de leur tragédie, leur permettait de maîtriser leur monde mental. Ils se sentaient mieux, mais les souvenirs qu'ils racontaient étaient constitués d'un patchwork de sensations diverses et de récits rassemblés.

Ce travail intégrateur de la mémoire explique la fréquence des faux souvenirs, ce qui ne veut pas dire mensonge. On peut se souvenir d'un événement qui n'a jamais eu lieu. Ce rappel utilise des fragments de mémoire d'images et de mots pour donner une forme consciente à une sensation implicite : « Je me rappelle soudain qu'il m'a maltraité, je retrouve la mémoire » ne veut pas forcément dire qu'il m'a maltraité réellement, mais fait venir en conscience qu'il me suffit de le côtoyer pour avoir l'impression d'être maltraité. Ce faux souvenir témoigne d'un vrai sentiment. Le contraire est aussi fréquent, il n'est pas rare de voir

---

32. Peschanski D., *Séminaire Ardix*, Paris, 6 février 2012.

des enfants terriblement maltraités soutenir vingt ans plus tard qu'ils ne l'ont jamais été. Quand ils deviennent enfin heureux, ils voient leur passé autrement.

Le simple fait d'écrire, de penser avec la main vient de remanier l'histoire que je me racontais. J'ai longtemps cru que j'avais à peu près surmonté le fracas de la guerre, le chaos de mes premières années grâce à une sorte de résistance mentale et surtout grâce au silence qui m'avait sauvé la vie. Je comprends aujourd'hui que lors de mes petites années ma mère avait imprégné en moi un attachement sécure. Ce style relationnel qui facilite la rencontre m'avait aidé à ne pas rater les mains tendues, Margot Farges, Andrée Descoubès, André Monzie, André Lafaye, Marguerite la métayère, un gendarme dont j'ignore le nom et mille autres inconnus dont je ne reconnaîtrais pas le visage, tous font partie de mon histoire sans paroles.

Je croyais naïvement que le fracas de la guerre suffisait à définir le traumatisme. Je me demande aujourd'hui si le fait d'avoir été contraint à me taire quand la paix est revenue n'a pas été une déchirure plus grave.

CHAPITRE 2

UNE PAIX DOULOUREUSE

Les adultes parlaient de « capitulation », de bombardements sur Berlin, d'occupation de l'Allemagne. Les tickets de rationnement permettaient de manger un peu de pain noir avec des pommes de terre et non plus seulement des topinambours et des rutabagas. Les J3 (adolescents) avaient même le droit à un ticket supplémentaire pour le chocolat. C'était Cocagne !

Écrire pour faire son deuil

J'étais rentré chez Margot dont la famille se regroupait et m'étais installé sous la table de la cuisine, pour être tranquille comme dans une cabane. Quand Mme Farges a dit : « Mais tu ne comprends donc pas que ses parents ne reviendront jamais, jamais ? », elle s'adressait à Margot dont, depuis le dessous de la table, je voyais les jambes. Pas d'autre souvenir autour de ce bref scénario, mais ces mots se sont imprégnés dans mon âme, et je les entends encore aujourd'hui. En fait, je ne les entends pas, mais je sais qu'ils ont été prononcés.

Logiquement, cette scène a dû se passer en 1945. Mon père s'était engagé dans le régiment des volontaires étrangers dès 1939, je l'avais revu en uniforme lors d'une permission et une autre fois au camp de Mérignac, où il était resté assis, doux et silencieux. Puis il avait disparu. Ma mère a dû être arrêtée en 1942[1], je ne l'ai jamais revue.

Cette phrase sous la table me servait de rituel de deuil. C'était dit à voix forte car Mme Farges était fâchée. Il y avait longtemps que j'étais orphelin, mais, grâce à cette cérémonie involontaire, je venais d'entendre l'annonce que j'aurais une autre vie à faire, sans eux.

Je me souviens que j'ai alors saisi un journal derrière la table et que je l'ai étalé par terre en me disant : « Il doit bien y avoir quelques lignes sur mes parents ou une photo d'eux. On ne peut pas disparaître comme ça. Il faut absolument que j'apprenne à lire, pour découvrir qui ils étaient. »

Je m'étonne aujourd'hui de ma parenté avec Georges Perec. Son père, en 1939, s'engage dans la Légion étrangère, comme tous les Juifs polonais et les républicains espagnols fraîchement arrivés. Il disparaît. Peut-être a-t-il été ami avec mon père ?

Sa mère l'emmène à la gare de Lyon. Elle disparaît. Pas de trauma évident, pas de violence, soudain le désert. Le petit Georges, isolé, s'engourdit progres-

---

1. Elle a été arrêtée à Bordeaux le 18 juillet 1942 et a quitté Drancy pour Auschwitz par le convoi n° 7.

sivement. Placé dans une institution à Villard-de-Lans, hébété, il attend.

À l'âge de 8 ans, quand la guerre est finie, il comprend que ses parents ne reviendront jamais. Il décide alors de devenir écrivain afin de raconter l'histoire de leur vie dans un livre qui leur servira de sépulture[2]. Dynamisé par ce projet, il devient bon élève et se présente cérémonieusement : « Je m'appelle Georges Perec, j'ai 8 ans, je suis écrivain. »

Je l'ai rencontré longtemps après, quand il est devenu archiviste à l'hôpital Saint-Antoine, mais je ne savais pas que je l'avais peut-être croisé à Villard-de-Lans où j'ai été placé au Gai Logis, derrière l'église. Images de champs de neige, souvenirs de chasseurs alpins. Je les admirais beaucoup avec leur uniforme bleu et leur grand béret analogue à celui qu'on me faisait porter. J'étais un peu déçu de les voir si mal skier, alors je racontais que je les avais vus sauter d'un tremplin, à cent mètres de hauteur. On ne me croyait pas, aucune importance, j'avais sauvé leur image. Je pouvais donc continuer à les admirer.

Je ne sais pas pourquoi j'étais là. Avec d'autres pensionnaires, on marchait dans la neige, on portait une capote bleue, on passait devant une grande institution pleine d'enfants qui couraient dans un parc. Georges Perec était-il au Gai Logis ou dans cette grande maison ?

---

2. Janine Altounian parle aussi de « linceul du texte » quand elle écrit sur le génocide arménien. (Altounian J., *La Survivance. Traduire le trauma collectif*, Paris, Dunod, 2000.)

Les deux moments marquants de cette période étaient les marches dans la neige pour nous former le caractère et la messe. J'aimais beaucoup cette cérémonie, les vêtements comiques des prêtres, la musique, l'encens et le théâtre auquel nous devions participer en nous mettant debout, à genoux, ou en murmurant des mots étranges. Quel bel événement !

Ce qui m'impressionnait le plus, c'étaient les bottes d'un petit camarade. Nous avions tous des chaussures incertaines, plutôt trouées et prenant l'eau, tandis qu'il possédait des bottes en cuir montant jusqu'à mi-mollets. Quand il fallait se mettre à genoux pour prier, il s'arrangeait pour mettre un pied en avant, dans la position du tireur agenouillé, comme le soldat de plomb qu'on m'avait donné. Quel bel événement !

Je n'ai pas dû rester longtemps au Gai Logis puisque je n'ai pas pu apprendre à lire. On n'était pas malheureux dans cette institution : la neige, les chasseurs alpins, la messe, les bottes en cuir, le temps passait tranquillement.

Jusqu'au jour où une « monitrice » m'a dit : « Va dans le couloir, ta mère t'attend. » « Ma mère ? » En effet, une dame, grande, belle et élégante, m'a regardé m'approcher. Je me souviens de sa robe bleue à parements blancs et de son chapeau spectaculaire. Elle s'est penchée et m'a dit : « Je suis ta marraine, la sœur de ta mère, je m'appelle Dora. » Je ne sais plus ce qu'on a dit ensuite.

Le lendemain, elle est revenue. C'était l'heure de la prière. Je l'ai vue parler à l'oreille de la monitrice qui s'est approchée de moi et m'a dit : « Va te mettre debout au fond de la classe. Tu ne feras plus la prière avec nous. Tu es juif. »

Je ne savais toujours pas ce que c'était qu'être juif, mais je découvrais qu'il suffisait de prononcer ce mot pour être exclu, même en temps de paix.

Dora est partie en disant qu'elle reviendrait me chercher. Un long temps après, un jeune homme sympathique m'a rendu visite. Il a dit : « Je m'appelle Jacques, je suis ton oncle. » Il m'a donné un château fort en bois, quelques soldats de plomb avec lesquels j'ai fait semblant de m'amuser. Il est parti, j'ai perdu les jouets.

Plus rien n'était comme avant. J'avais retrouvé deux survivants de ma famille et, pour la première fois de ma vie, je me suis senti seul, malheureux.

Pendant la guerre, la mort était si proche que j'étais engourdi, anesthésié, je crois. Il suffisait qu'un mot s'échappe, qu'un voisin me dénonce pour qu'un rien me fasse mourir. La maladresse des instituteurs qui me protégeaient en me faisant fuir encapuchonné devant les autres élèves, un cuisinier qui se fâchait, une bonne sœur effrayée suffisaient à me pousser vers la mort. Je n'éprouvais ni tristesse ni angoisse, c'était plutôt une non-vie avant la mort. Quand on démissionne, on souffre moins, je pense. Ce n'était pas un désespoir non plus puisque le simple fait de ne pas mourir était pour moi une victoire.

La danse et la vie

La vie est revenue en retournant chez Margot, quand Andrée Descoubès m'emmenait voir les femmes nues au Grand Théâtre de Bordeaux, quand les passants s'embrassaient sur la place des Quinconces parce que la bombe atomique avait explosé à Hiroshima : la fête, quoi ! Le bonheur autour de moi me pénétrait doucement et me redonnait le plaisir de vivre.

Cette flammèche s'est éteinte dès que j'ai retrouvé mon lambeau de famille. Ils ne pouvaient pas faire autrement, bien sûr. Ils avaient trop de deuils à surmonter : Nadia ma mère, Rose ma tante, beaucoup de cousins, d'apparentés et surtout Jeannette, qui avait disparu à l'âge de 15 ans. Pas arrêtée, pas déportée, pas tuée, disparue. Ils devaient trouver un travail, un logement et remplir des tonnes de papiers pour avoir le droit de me recueillir. En attendant, rejeté puisque je ne pouvais ni prier ni aller à l'église, ignorant que les synagogues existaient, je ne pouvais plus jouer avec mes petits camarades qui désormais me tenaient à distance.

Le fait de ne plus appartenir à un groupe et d'attendre ces deux personnes que je ne connaissais pas a réveillé la trace de la solitude et a fait revenir les souvenirs de l'époque où j'étais caché dans le salon de la rue Adrien-Baysselance. Après avoir été isolé pendant la guerre, je me retrouvais abandonné après la guerre, ce qui n'est pas la même souffrance.

Un phénomène étrange m'a alors préoccupé : j'ai recommencé à rêver, chaque nuit, que j'étais enfermé dans un aquarium ! Je voyais le monde extérieur, mais je ne pouvais ni bouger ni crier. Parfois, cet aquarium se remplissait de boules qui grossissaient en roulant vers moi pour m'écraser. Parfois, je voyais une petite princesse jolie et minuscule, enfermée dans un autre aquarium. Elle me faisait des signes pour la rejoindre, mais je ne pouvais pas bouger et les parois de verre étaient infranchissables.

Ces rêves sont fréquemment évoqués par ceux qui ont subi un « enfermement traumatique[3] ». Emprisonnés par les murs, engourdis par le silence, on voit vivre les autres, on voudrait bien sortir, exister par soi-même en les côtoyant, mais c'est impossible, nous sommes enveloppés dans une gélatine translucide qui nous empêche de bouger, nous sommes enfermés dans un aquarium où nous pouvons tout voir, sans bouger ni mot dire.

« Tout baignait dans un silence d'aquarium, comme une scène vue en rêve[4]. » Ce n'est pas ainsi qu'un homme doit vivre. Il doit avoir un foyer, des parents, des copains, une école et des rêves. Un être humain ne peut pas vivre dans un aquarium, il a besoin d'espace et de mots.

Comme promis, Dora est venue me chercher. Je la trouvais gentille, chaleureuse et très belle. Elle habitait

---

3. Altounian J., « Passion et oubli d'une mémoire collective mise au travail dans la cure et l'écriture », in « Devoir de mémoire : entre passion et oubli », *Revue française de psychanalyse*, 2000, vol. 64, n° 1, p. 12.
4. Levi P., *Si c'est un homme*, Paris, Robert Laffont, 1958, p. 22.

seule dans une toute petite chambre de la rue de
Rochechouart, près de Pigalle : pas d'eau, pas de chauf-
fage, un lit que je partageais avec elle, une petite table
et quelques étagères dans dix mètres carrés, au maxi-
mum. C'était suffisant pour être heureux dans les
années d'après guerre. L'avantage de cette chambre,
c'est qu'elle était proche de son lieu de travail, le Roxy
où elle était danseuse. Elle m'emmenait parfois dans
ce lieu merveilleux. Les grands escaliers, les miroirs, la
lumière bleue, la moquette et la musique créaient une
ambiance de luxe et de fête. J'adorais. Je n'avais jamais
vu un si beau palais. Dora riait tout le temps, c'était
un moment de vrai bonheur partagé.

Entre le Roxy et la rue de Rochechouart, j'habitais au paradis. Même au ciel, il y a des ombres. Dora
rentrait de son travail vers 3 heures du matin, tandis
que je restais seul dans la minuscule chambre. Dès que
l'isolement recommençait, les balancements et les tour-
noiements me reprenaient. Je retrouvais les mouvements autocentrés que j'avais manifestés quand j'avais
été isolé rue Adrien-Baysselance à Bordeaux, pendant
la guerre. Mon seul autre, c'était moi-même. Tous les
enfants placés en isolement sensoriel finissent par réagir
ainsi, ce qui constitue un indice de trouble du développement. Par bonheur, il suffisait que quelqu'un se
présente pour que mon élan vers lui fasse disparaître
ces mouvements stéréotypés. Personne ne pouvait les
voir, puisqu'ils n'apparaissaient que lors des moments
d'isolement.

Dans la journée, Dora dormait, mais je pouvais
aller à l'école de la rue Turgot. J'ai failli écrire « par
bonheur », mais je ne le dirai pas parce que ça s'est

très mal passé. J'ai en mémoire une classe surpeuplée
et mal éclairée. Et, surtout, je garde un très mauvais
souvenir d'une institutrice à chignon. On m'avait mis
dans la classe où j'aurais dû être si j'avais eu une sco-
larité normale.

J'étais très en retard. Je commençais vaguement
à lire et à écrire, mais je ne savais pas que, lors des
contrôles, il ne fallait pas copier sur son livre de classe
que j'avais simplement posé sur ma table. L'institutrice
s'est approchée à petits pas et, soudain, m'a tiré les
cheveux, faisant ainsi la joie de mes camarades de
classe.

Histoire de Madame Loth

Je ne comprenais rien. J'étais mal à l'école et
rejeté pendant les récréations. Dora dansait la nuit
et dormait le jour. J'étais seul. Par bonheur, elle possédait deux énormes livres dont j'admirais les images.
C'était une Bible illustrée par Gustave Doré. C'est là
que j'ai appris à lire. J'y trouvais des histoires terribles
et merveilleuses, des temples qui s'effondrent sur des
milliers d'hommes, des enfants qu'on abandonne dans
le désert ou qu'on égorge dans leur lit, des grands frères
qui vendent le petit dernier, des armées entières noyées
avec les chevaux. Merveilleux. Horrible. La vie normale, quoi.

Parmi les belles images et ces textes que j'essayais
de déchiffrer, l'histoire de Loth s'est gravée dans ma
mémoire. Encore aujourd'hui, je revois nettement la

partie gauche de l'image sombre où le talent de Gustave Doré a mis en relief Loth fuyant droit devant lui avec ses filles. Sur la partie droite, éclairée par l'incendie d'une ville, Sodome ou Gomorrhe certainement, Madame Loth se retourne et, dans un geste d'imploration, tend les bras et s'immobilise en se transformant en statue de sel.

Je contemplais souvent cette gravure, qui prenait pour moi un effet de morale : voilà ce qui se passe quand on pense au passé. Le sel de nos larmes nous transforme en statue et la vie s'arrête. Ne te retourne pas si tu veux vivre. En avant, en avant !

Cette histoire édifiante m'a servi de stratégie dans l'existence pendant une grande partie de ma vie. En avant, ne te retourne pas, ne pense plus à ton passé, il n'y a que des larmes à en tirer. L'avenir, lui, sera rose. En avant !

Est-ce ainsi que l'histoire de Loth m'a parlé ou est-ce moi qui l'ai fait parler ainsi ? J'aurais pu en tirer une autre morale. « Chacun connaît la version officielle du chapitre 19 de la Genèse. À Sodome, comme à Gomorrhe, tout à fait au sud de la mer Morte [...], la corruption était généralisée et la sexualité débridée[5]. » Dans cet océan de vice, la famille Loth était vertueuse, elle avait même accueilli deux étrangers ! Dieu les autorisa donc à fuir avant la destruction de ces foyers de débauche. Madame Loth regrettant peut-être ces moments de fêtes s'est retournée, une dernière fois !

---

5. Fraitag A., « Un point d'histoire (sainte) », *Avocats et droit*, 2007, janvier-février, n° 19, p. 64-65.

Voilà comment j'aurais pu interpréter. J'ai récemment cherché la gravure de Gustave Doré qui évoquait l'histoire de Loth. Les deux livres sont encore dans ma bibliothèque[6]. Je viens de les feuilleter attentivement. J'ai revu toutes les gravures encore nettes dans ma mémoire, au détail près. Je garde au fond de moi l'image d'Isaac portant le bois de son propre sacrifice, de Joseph vendu par ses frères, de Moïse sauvé des eaux, de la mort de Saul avec une épée ouvrant sa poitrine et celle de Samson écroulant les piliers du temple, qui avait enchanté mon âme de petit garçon.

Tout est gravé dans ma mémoire avec une précision étonnante. Tout, sauf la fuite de Loth, que je ne retrouve pas ! La gravure qui le montre fuyant les villes pécheresses n'y est pas ! Et pourtant je la vois, je vous assure, je la vois dans ce livre aux pages jaunies. C'est indiscutable, mais elle n'y est pas. J'ai dû la voir ailleurs et comme je feuilletais souvent cette Bible, je l'ai mise dedans, où sa place est logique. C'est logique, mais faux !

J'ai attaché beaucoup d'importance à ce faux souvenir (j'aurais dû dire « à ce souvenir recomposé venu de sources différentes »), parce que cette image me parlait. Elle me disait de jolie manière : « Tu pourras vivre si tu le souhaites, à condition de ne pas te retourner sur ton passé. »

Facile !

L'évitement de la représentation inquiétante du passé me permettait de ne pas avoir d'angoisses, de ne

6. *Histoire de la Sainte Bible*, par M. l'abbé Cruchet, Tours, Alfred Mame et Fils, 1929.

pas ruminer et de ne pas déprimer. Mais, en empêchant la vraie représentation de moi, elle mettait en
place un trouble de la relation avec les autres. J'étais
gai, cohérent et soudain, quand un mot ou un événement évoquaient la ruine de mon enfance, je me
taisais.

En temps de paix, j'aurais pu raconter ce qui
s'était passé. Ce n'était pas « indicible », comme on le
prétend aujourd'hui. Peut-être même, si j'avais
retrouvé un milieu sécurisant, aurais-je pu raconter
banalement la guerre. « Banalement la guerre », vous
vous rendez compte ? Peut-on raconter « banalement »
la folie meurtrière ? Cette formulation n'est pas cor-
recte, ce n'était pas une folie meurtrière : un simple
mot échappé, un papier à signer, le regard d'un voisin… suffisait pour provoquer l'arrestation, une étoile
jaune cachée sous un foulard, juste avant de sauter
par la fenêtre. L'horreur s'exprimait dans la banalité,
comment comprendre ça ?

En me taisant, je faisais croire que j'étais sorti
intact de la guerre. Est-ce possible ? Est-il normal de
paraître normal après un cauchemar de chaque jour ?
Ne rien dire de la persécution m'apportait un bénéfice : « En avant, en avant », comme je l'avais fait dire
à Loth. C'était adaptatif, mais ce n'était pas normal.
Mon entourage était complice de ce déni. Les blessés
étaient heureux de paraître forts et souriants après le
fracas, et les proches étaient soulagés de ne pas avoir
à affronter les questions posées par la persécution.

À l'époque où je recevais l'affection de Dora et
où je vivais les fêtes luxueuses du Roxy, j'étais désespéré d'être nul à l'école. Mes très mauvaises notes

confirmaient mon infériorité, comme l'avaient affirmé les Allemands et leurs alliés collaborateurs. Puisque je ne comprenais rien, ils avaient raison de me mépriser et peut-être même d'avoir voulu m'éliminer.

La guerre est belle, disent-ils

À cette époque, les enfants étaient incroyablement libres sur la butte Montmartre. Je m'étais fait un petit copain avec qui je galopais à travers le quartier. Les squares d'Anvers, de la Trinité, Montholon et les jardins du Sacré-Cœur nous offraient de beaux terrains de jeux. On se donnait rendez-vous le matin et on rentrait le soir. Personne ne s'inquiétait. On jouait au foot au beau milieu des rues, car il n'y avait pratiquement pas de voitures en 1948. On entrait dans les cafés pour demander un verre d'eau et un morceau de pain. Et voilà, la liberté ! La fête !

Je me souviens d'un matin où très gentiment ce petit copain a dit : « Ma mère ne veut pas que je joue avec toi, parce que tu es juif. » En nous séparant, nous nous sommes serré la main.

Je crois ne pas avoir été triste. J'ai simplement éprouvé une sensation de vide. Un vide étonné, vous savez, comme une ombre imprévue dans une représentation claire : soudain une énigme ! Le monde était simple quand, brusquement, une question sans réponse est apparue. Son père était mort à la guerre, comme le mien. Sa mère était pauvre, comme Dora. Mon copain habitait avec elle dans une minuscule chambre sans confort, comme nous. J'étais un mot qui désignait je ne sais quoi, ce qui me privait d'amitié et d'une journée de liberté.

Les autres connaissaient ce « je-ne-sais-quoi » qui me caractérisait. Un soir, un copain de quartier est venu me chercher pour que je raconte mon histoire à son père. J'ai accepté avec plaisir, enfin rien à cacher, banal, comme tout le monde ! Quand je suis entré dans la bijouterie paternelle, il y avait trois ou quatre adultes, dont l'un était assis, sûrement quelqu'un de très important. Le père (je me rappelle son grand nez et sa blouse grise) m'a dit : « Raconte à monsieur ce qui t'est arrivé. » J'ai dû en rajouter, car je me sentais en scène devant quatre spectateurs, dont un important assis. Je ne me souviens pas de ce que j'ai dit, mais, comme cette mise en scène me donnait un sentiment d'importance, j'ai dû dire le vrai en le racontant trop bien.

Ce qui a fait tiquer l'important assis, c'est mon évasion. Il m'a demandé des précisions auxquelles je pense avoir répondu clairement. Alors, il m'a tendu une pièce trouée (cinquante centimes probablement) et a dit : « Tu racontes de belles histoires, va t'acheter des bonbons. »

Belles histoires ? Ce n'était pas faux.

Le fracas de mon enfance me mettait en situation d'exception. Si j'avais parlé pendant la guerre, on m'aurait tué. Quand je parlais en temps de paix, on ne me croyait pas.

Faire le récit de sa vie, ce n'est pas du tout exposer un enchaînement d'événements, c'est organiser nos souvenirs afin de mettre de l'ordre dans la représentation de ce qui nous est arrivé et c'est, en même temps, modifier le monde mental de celui qui écoute. Le sentiment qu'on éprouve après un récit de soi dépend des réactions de l'autre : que va-t-il faire de ce que j'ai dit ? Va-t-il me tuer, me ridiculiser, m'aider ou m'admirer ? Celui qui se tait participe au récit de celui qui parle.

Pourquoi m'avait-on demandé de raconter ces événements exceptionnels que je préférais taire ? Quand je les exposais, je me sentais anormal : fier ou honteux, selon le regard de l'autre. Je me sentais apaisé quand je n'avais plus rien à cacher mais, dans l'ensemble, la réaction de l'entourage me poussait vers le non-dit. Quand un adulte ne me croyait pas, quand il riait de mon « talent inventif », quand un petit copain refusait de jouer avec moi, je me résignais au silence.

À cette époque, j'avais 9 ans et j'aurais pu expliquer qu'en plein malheur de la guerre j'avais connu des moments heureux. Je gardais dans ma mémoire quelques images tendres et gaies avec ma mère, j'étais fier de l'engagement de mon père dans la Légion étrangère. J'aurais pu raconter la gaieté des repas familiaux chez les Farges, Suzanne qui voulait m'apprendre à manger comme un chat, Margot qui avait décrété que j'adorais les têtes de lapin (dont j'avais horreur), la comique Radio-Londres, la chaleur de cette famille, jusqu'au jour où il avait fallu m'isoler dans une seule pièce.

J'avais connu de beaux moments quand je dormais sur la paille dans la grange à Pondaurat, en compagnie du grand qui m'appelait « Pitchoun » et des

ouvriers agricoles qui me soûlaient pour rigoler. Ça
n'intéressait personne. On me faisait plutôt raconter
la fosse à purin dans laquelle il fallait patauger, la
rudesse de la métayère et ma presque noyade au cours
de la partie de pêche. Le malheur des autres est plus
intéressant.

Je garde un bon souvenir des quelques jours
d'école où j'ai pu aller grâce à mon nom protecteur
Jean Laborde (ou Bordes). La journée commençait par
une fête quand il fallait chanter *Maréchal, nous voilà*.
J'étais heureux de penser qu'un maréchal m'attendait
et espérait que je travaillerais pour la grandeur de la
France[7].

À Castillon, j'étais heureux quand je courais la
campagne avec mon copain pauvre et que je volais du
raisin muscat, à m'en rendre malade.

J'ai vécu des soirées magnifiques au Roxy quand
je voyais Dora danser avec des Américains, bavarder
gaiement avec des acrobates et applaudir Maurice qui,
disait-on, dansait mieux que Fred Astaire.

Que du bonheur ! Sans mentir, ces événements
étaient merveilleux. Mais un autre récit remplissait mon
âme, celui d'une cascade de tragédies impossibles à dire
parce que mon entourage désirait ne pas les entendre.

Tout n'était pas rose dans nos retrouvailles. Dora
ne me reprochait pas d'être mauvais élève. Ce qui lui
faisait peine, c'est que je ne gambadais pas et que je

---

7. Ce chant qui a euphorisé des millions d'enfants et d'adultes pétainistes est
signé André Montagnard et Charles Courtois. Il aurait été écrit en 1941, par
Casimir Oberfeld, Juif né en Pologne et mort à Auschwitz en 1945. Ce com-
positeur a enchanté Joséphine Baker, Mistinguett et Fernandel quand il chantait
Félicie aussi.

ne sautais pas au cou de ses amis. Ma retenue la décevait. Dans sa générosité, elle rêvait de recueillir le fils de sa sœur préférée. Ça signifiait pour elle retour de la paix, bonheur retrouvé, poursuite de sa vie familiale. Elle souhaitait s'occuper d'un petit garçon gambadeur et affectueux. Elle se retrouvait avec un petit vieux âgé de 9 ans.

Elle avait beaucoup d'amis parmi les danseurs. Quand l'un d'eux arrivait, elle me poussait dans le dos en disant : « Allez vas-y, cours, embrasse-le ! » Je ne savais pas faire ça, même si j'éprouvais un grand plaisir à voir « Fred Astaire » ou le « Corse acrobatique » dont j'admirais les photos sur les murs des cabarets de Pigalle. « Un enfant, ça gambade », me disait-elle déçue. Je n'étais plus un enfant depuis longtemps.

C'est alors que Margot a voulu m'adopter. Elle était en position favorable puisqu'elle avait un métier, un mari et une famille renommée. Mes deux mères de substitution sont entrées en conflit. Le chaos est revenu. La première conséquence d'une désorganisation du milieu autour d'un enfant, c'est qu'il devient incapable d'ordonner sa propre représentation du temps. Encore aujourd'hui, la mémoire de cette époque revient par flashes, je ne vois que des clichés surexposés entourés d'ombres cramées.

La beauté et les zombies tristes

Je me revois dans une institution dont je ne connais pas le nom[8]. La maison est grande, propre et vide. Les enfants ne sont pas encore arrivés. Je dois être le premier. Les deux moniteurs ne parlent jamais, rien n'est organisé, pas d'école, pas d'activités, pas de loisirs, rien. Autour de cette maison, un paysage montagneux, une énorme paroi rocheuse de l'autre côté de la route, et en contrebas une rivière que j'entends appeler « la Bourne ». Je ne sais pas où je suis. Je déambule, seul, j'essaye de faire quelque chose. Rien ne m'amuse. Je recommence à tourner et à me balancer.

J'ai été sauvé par les fourmis. Près de la porte d'entrée, dans le jardin, à gauche, j'avais remarqué une roche qui frémissait. En m'approchant, j'ai constaté qu'il s'agissait d'un château fort pour fourmis ailées. On pouvait voir des tunnels où s'affairaient les insectes et, en surface, des bases de décollage d'où de grosses fourmis cuivrées s'envolaient en escadron. J'ai reçu un coup de foudre : il y avait près de moi, dans mon désert affectif, un monde passionnant ! Le lendemain, comme dans un film à grand spectacle, de petites fourmis noires ont attaqué le camp des fourmis volantes pour leur voler leurs œufs ! Je les ai vues entrer dans les tunnels et ressortir en roulant d'énormes œufs

---

8. Dans ma mémoire il y a Saint-Jean-Royan. En fait, il s'agit certainement de Saint-Jean-en-Royans, au nord de la Drôme.

blancs qu'elles emportaient au loin. Mouvement tournant des fourmis ailées, nouvelle attaque des fourmis noires, stockage des œufs, combats, fuites. Je n'avais jamais vu un spectacle aussi passionnant. Je ne m'étais jamais posé autant de problèmes humains qu'en regardant les fourmis : il suffit donc d'être vivant pour s'organiser en société ? Pourquoi les fourmis noires s'emparent-elles des enfants des fourmis cuivrées ? Quand on est petit, peut-on être fort quand même ? Grâce aux fourmis, je commençais ma formation de poseur de questions et je découvrais que le monde est parfois enchanté.

Peu à peu, les enfants sont arrivés dans cette maison. Petits zombies tristes, je ne m'y attachais pas. Il y avait moins de vie dans cette morne institution qu'en pleine guerre, dans la grange de Pondaurat, dans la campagne de Castillon et après la Libération dans les rues de Paris. Difficile de vivre quand tout est engourdi.

Dans cette ambiance ralentie sont apparus deux événements : j'ai découvert la beauté fantastique des levers de soleil et l'étonnante satisfaction que j'éprouvais en grimpant sur tout ce qui pouvait être escaladé.

Je me réveillais très tôt et me hissais sur un lavabo pour m'accrocher à un fenestron où j'attendais le lever du jour. Je demeurais ainsi longtemps puisque je me rappelle la douleur que je ressentais dans mes genoux appuyés sur le rebord de la fenêtre et la fatigue de mes mains accrochées à la poignée. Enfin, le soleil se levait. Je goûtais chaque lueur puis, émerveillé, je retournais me coucher.

Pourquoi fallait-il que je grimpe partout ? Tous les enfants aiment grimper, c'est sûr. Mais, dans cette institution, j'avais retrouvé un couloir étroit qui menait aux toilettes. En mettant mes pieds sur une paroi et en collant mon dos de l'autre côté, je parvenais à m'élever jusqu'au plafond où je tenais sans effort. Cette performance créait en moi un étonnant sentiment de sécurité. Je me demande si je n'ai pas pensé : « Tant que je peux grimper, je peux me libérer. » Je n'ai pas dû le penser comme ça, avec ces mots, mais le fait de grimper prenait cette signification à laquelle, aujourd'hui, je donne cette forme verbale.

Quoi qu'il en soit, en grimpant, je pensais à mon évasion. À qui voulez-vous que j'en parle ? Aux adultes indifférents ? À mes camarades engourdis ? Grimper prenait pour moi la signification d'une évasion toujours possible, comme si je m'adressais un récit sans paroles : « Ne crains rien, il n'y a pas de prison hermétique. »

Alors, je grimpais, dans le couloir des toilettes, mais aussi le long des murs et des colonnes en pierre tellement larges que je ne pouvais pas les enlacer. Je parvenais quand même au sommet avec une prise de risque énorme, devant quelques camarades muets d'admiration.

Quand j'ai entendu parler de l'Oignon, une paroi rocheuse qui bombait au point que seuls les bons grimpeurs parvenaient à la franchir, j'ai décidé de m'y attaquer. Le portail de l'institution était fermé, mais on pouvait sortir sans difficulté en soulevant le grillage qui entourait le jardin. J'ai entraîné dans ma fugue un petit camarade dont je désirais obtenir l'amitié parce que sa mère venait le voir de temps en temps. Puisqu'une mère l'aimait, j'avais l'impression qu'il valait plus que moi. Le simple fait de le côtoyer donnait de l'importance à notre amitié.

Je crois qu'il s'appelait Capitaine. C'est trop beau. Allez savoir, c'est peut-être vrai.

Nous avons suivi le sentier d'approche, mais, dès la première paroi, il est resté bloqué sur une corniche, incapable de monter ou de descendre. Je lui ai conseillé d'enlever ses chaussures pour mieux sentir la pierre sous ses pieds. Comme il ne pouvait pas grimper en les tenant à la main, il a voulu me les lancer. Je me souviens de mon désarroi quand j'ai raté la chaussure et que je l'ai vue tomber, tout en bas dans les buissons. Pour lui, ce fut une tragédie exprimée par des hurlements et des pleurs. J'ai dû continuer seul jusqu'au sommet, puis je suis redescendu en courant sur le petit chemin derrière l'Oignon pour prévenir les adultes. Personne ne m'a fait le moindre reproche.

Quelle drôle d'idée de raconter ce souvenir ! Peut-être ai-je voulu démontrer que la signification qu'on attribue au présent s'enracine dans un événement passé. Grimper signifiait pour moi : « Il y a toujours une liberté possible », à cause de mon évasion. Pour mon petit camarade, la signification était tout autre : « Maman va être furieuse, j'ai perdu ma chaussure. Cet événement est un malheur pour moi. »

Souffrir du réel n'a pas du tout le même effet que souffrir de la représentation de ce réel. Pendant la guerre, j'étais pris par l'urgence du contexte. Je vivais dans un monde immédiat où je n'avais pas assez de recul pour faire une représentation. Quand on mentalise, on se fait une représentation d'images et de mots, on fait revenir dans notre cinéma intérieur quelques scénarios mis en mémoire. Ces films intimes en nous racontant notre propre histoire participent à la construction de notre identité.

En période de guerre, ce processus de mémoire n'est pas possible. Il faut faire vite, comprendre et décider, passer à l'acte plutôt que mentaliser. Cette adaptation permet la survie, mais pas la représentation de l'événement. On perçoit une information inquiétante à laquelle on réagit dans l'instant. On peut résoudre un problème sans le comprendre, comme lorsqu'on roule en vélo. On traite toutes les informations sans en prendre conscience. Pas d'émotion, pas de mentalisation, l'inaffectivité et l'action suffisent pour rendre fort. De plus, après l'action, on éprouve une sensation d'euphorie, le plaisir d'avoir feinté la mort. Quelle étrange association entre l'inaffectivité, l'action et l'euphorie qui s'ensuit.

Pendant la guerre, dans mes émotions, l'anesthésie de la mort imminente alternait avec le plaisir de la vie retrouvée. J'éprouvais le bonheur de dormir sur la paille après avoir failli mourir dans une marmite, la joie de me laisser enivrer par les adultes pour faire la fête après avoir été privé de relations, l'amusement d'être arrêté par des hommes en armes après avoir été isolé pendant des mois.

Des petits vieux âgés de 10 ans

Quand la paix est revenue, les transactions ont changé de nature. Désormais, l'idée que je me faisais de moi devait s'accorder avec l'idée que les autres se faisaient de moi. Le réel devenait accessoire, seule sa signification comptait. L'émotion d'engourdissement ou de gaieté n'était plus provoquée par la perception d'une situation mais par les récits qu'on en faisait. J'éprouvais désormais un sentiment, c'est-à-dire une émotion provoquée par une représentation.

Dans tous les pays en guerre, on constate cette réaction paradoxale : les enfants paraissent forts pendant la guerre et s'effondrent ensuite. Les Libanais en savent quelque chose : « En juillet 2006, lors des bombardements israéliens, Ali, âgé de 4 ans, se trouve à Cana. L'immeuble où il s'était réfugié avec ses parents et sa sœur Zeinab s'écroule[9]. » La mère Roula s'extrait des décombres, mais Zeinab est morte et Ali, blessé à la tête, est dans le coma. Un voisin, le croyant mort, l'emporte dans une maison où sont entassés les cadavres. L'enfant reprend connaissance, seul parmi les corps déchiquetés et les chiens qui rôdent sur le charnier.

Quinze jours plus tard, le petit garçon est gai et actif. Il dit que sa sœur est heureuse au paradis. Il

---

9. Kurban M., Sweidy N., « Les caractéristiques de l'intervention psychologique à Baalbeck », *in* Myrna Gannagé, Association pour la protection de l'enfant de la guerre, Réunion Beyrouth, 24 février 2012.

dort bien, parle gentiment et dessine des tanks israéliens attaqués et détruits par des résistants libanais. À l'école, il est très bon élève, fier d'avoir des martyrs dans sa famille. Quand il sera grand, il sera soldat. L'entourage admiratif parle de résilience.

Deux ans plus tard, la paix est revenue, les Libanais reconstruisent déjà. La mère d'Ali emmène le petit garçon au centre médico-psychologique de Tyr. L'enfant ne tient pas en place, il s'agite, déchire tous les dessins, les siens et ceux de ses petits camarades, il casse les objets et répond avec agressivité. Il a peur qu'on tue sa mère.

Cette évolution, fréquente chez les enfants de la guerre, permet de penser que le *coping* n'est pas la résilience. Le *coping* consiste à affronter l'épreuve, au moment où elle se présente. L'enfant défie le malheur avec sa petite personnalité déjà construite. Il combat ce qui est autour de lui avec ce qui est en lui.

On parlera de résilience plus tard, dans l'après-coup, quand l'enfant devra affronter dans sa mémoire, la représentation de ce qu'il a subi. Le *coping* est dans la synchronie, la résilience dans la diachronie.

On fait face à l'épreuve, avec ce qu'on est, à ce moment-là. Plus tard, quand on y repense, on cherche à comprendre ce qui s'est passé pour ne plus être confus, pour maîtriser la représentation. On inscrit l'événement tragique dans un récit de soi pour lui donner sens et reprendre un nouveau chemin de vie. Alors seulement, on pourra parler de résilience.

Au moment du bombardement, Ali était sécurisé par sa famille, ses amis et la familiarité de son quartier. Il était chez lui. L'école, le marché, les voisins, tout cela était stable et sécurisant. À 4 ans, l'idée de mort n'est pas adulte, la notion d'irréversibilité n'est pas encore acquise. Ali ne peut donc pas souffrir de la mort de sa sœur, mais il peut être en manque de sa présence et de ses jeux.

Deux ans après les bombardements, alors que la paix est revenue, tout s'effondre dans la niche affective d'Ali. Son père, blessé, ne peut plus travailler. Sa mère, épuisée, déprimée, ne pense qu'à la mort de sa fille. Le foyer d'Ali devient morne et douloureux. Dans le quartier détruit, les adultes ne tiennent que des discours de haine. La niche affective qui entoure Ali l'accable et ne lui permet pas de déclencher un processus de résilience.

Elissar et Khalil ne cessent de répéter : « Je déteste ce pays [le Liban]. Il ne te donne rien lorsque ta famille est inexistante… Il n'y a pas d'amour… J'étouffe… Les Libanais ne savent vivre que dans la guerre. Ils sont en guerre avec eux-mêmes. Je veux partir[10]. »

Les enfants dans la guerre ne sont pas les enfants de la guerre. Pendant la bataille, ils s'engagent si, dans leur mémoire, a été imprégné un attachement sécure qui leur donne confiance et si, autour d'eux, leurs parents préservent une base de sécurité, pourquoi voulez-vous qu'ils soient effrayés ? La plupart des enfants londoniens adoraient les bombardements pendant la Seconde Guerre mondiale. On est réveillé la nuit, on nous enveloppe affectueusement dans des couvertures,

---

10. Kurban M., Sweidy W., « Les caractéristiques de l'intervention psychologique à Baalbeck », *in* Myrna Gannagé, Association pour la protection de l'enfant de la guerre, Réunion Beyrouth, 24 février 2012.

on descend dans le métro, on se sent à l'abri auprès de ceux qu'on aime. On croise des inconnus qui eux aussi protègent leurs enfants et nous sourient aimablement. On se rendort après le bruit des bombes, au loin, bien au-dessus de nous. Quel doux événement !

Je pense même que ce type d'agression renforce l'attachement ! On ne provoque pas l'attachement d'un enfant en le gavant, on l'écœure, c'est tout. C'est en le sécurisant et en jouant avec lui qu'on tisse le lien. Mais, pour ça, il faut que le parent soit sécurisant lui-même, non effrayé, comme ces Anglais pendant les bombardements de Londres qui descendaient en souriant se mettre à l'abri dans le métro. De plus, pour que le parent prenne un effet sécurisant, il faut que, dans le contexte, il y ait une agression inquiétante ! C'est la transaction entre l'effet sécurisant du parent et l'agression du milieu qui renforce le lien[11].

Nous adorions les combats aériens. Dès que nous entendions les avions manœuvrer et dessiner dans le ciel des courbes imprévues, nous nous précipitions dehors pour assister au spectacle. Et quand l'un d'eux était touché, qu'une fumée noire apparaissait, précédant les flammes, et la vrille de l'avion qui tombait, nous étions enchantés ! Quel beau spectacle ! Le réel était dangereux, mais ne nous inquiétait pas parce qu'on nous avait expliqué qu'il suffisait d'entendre le sifflement des bombes pour savoir qu'elles allaient tomber au loin. Même pas peur !

---

11. Main M., « Epilogue. Attachment theory », *in* J. Cassidy, P. R. Shaver (éd.), *Handbook of Attachment*, New York, The Guilford Press, 1999, p. 846.

Quand les Américains ont bombardé les belles villes bretonnes pour nous libérer du nazisme, les parents applaudissaient et les enfants émerveillés gambadaient en regardant tomber le feu. Il a donc fallu les mettre à l'abri et les envoyer dans leur famille lointaine. Là, ils étaient réellement protégés mais, privés de leur base de sécurité parentale, quand ils entendaient les avions, ils faisaient des crises d'angoisse. Alors qu'en présence d'un parent sécurisant, « l'alerte signifiait [...] se retrouver dans un abri contre ma mère, avec la remise ritualisée d'une friandise, une certaine fascination pour le bruit des explosions et l'intensité des lumières, puis une sorte de joie conviviale [...], comme une banderole triomphante : ils ne nous ont pas eus[12] ».

La structure de l'agression structure la réaction traumatique. On ne peut pas dire : « Le bombardement provoque des troubles psychiques. » On peut dire : « Le bombardement provoque la mort, les mutilations, la ruine. » Mais, pour qu'il y ait des troubles psychiques, il faut qu'il y ait une désorganisation familiale et sociale.

Tous ceux qui ont accompagné des enfants pendant les guerres sont étonnés par l'exactitude de leurs observations. Quand les adultes prennent des photos et quand par la suite ils demandent aux enfants de « dessiner la guerre[13] », ils sont stupéfaits par leur

12. Lemay M., « Résister : rôle des déterminants affectifs et familiaux », in B. Cyrulnik, Ces enfants qui tiennent le coup, Revigny-sur-Ornain, Hommes et Perspectives, 1998, p. 40.
13. Duroux R., Milkovitch-Rioux C., J'ai dessiné la guerre. Le regard de Françoise et Alfred Brauner, Clermont-Ferrand, Presses universitaires Blaise-Pascal, 2011.

précision : « L'objectivité de certains dessins nous a étonnés […]. L'enfant témoin oculaire se trouve probablement dans un état second, comme si tout se passait loin, dans un autre monde, tandis qu'il est là et regarde[14]. »

Cet état second correspond à la mémoire traumatique : fasciné par l'événement, l'enfant imprègne l'image dans sa mémoire. Le contexte sans intérêt n'est pas mis en mémoire. Cette mémoire, par le petit bout de la lorgnette, fixe une image précise entourée de flou. Quand le contexte est sécurisant, l'événement n'est pas traumatisant. À l'inverse, quand la famille et la culture s'effondrent, la même image devient bouleversante, angoissante. Elle s'impose dans la journée et revient pendant la nuit, lors de cauchemars qui facilitent l'empreinte mnésique.

Toute une partie de mon développement, à une période sensible de l'existence a été charpentée par la guerre. Ai-je vraiment mérité la mort ? Qui suis-je pour avoir pu survivre ? Suis-je plus fort que la mort ? Ai-je trahi pour avoir le droit de vivre ? Comment vais-je vivre maintenant alors que ce qui m'est arrivé ne peut pas être partagé ? Dois-je parler quand même et provoquer des réactions qui me désorientent ? Pourquoi rient-ils ? Pourquoi ne me croient-ils pas ? Pourquoi se fâchent-ils ? Pourquoi me font-ils taire ? Pourquoi disent-ils : « Ce n'est rien tout ça… la vie continue… où va-t-il chercher tout ça… nous aussi on a souffert, on n'avait pas de beurre. »

---

14. *Enfances en guerre, photos et dessins*, colloque Unesco, Rose Duroux, Catherine Milkovitch-Rioux, 7-9 décembre 2011.

Quelques ordalies intimes

Cette discordance entre le sujet préoccupé par son histoire et l'entourage qui ne veut rien entendre est habituelle, quelle que soit la culture. Après l'auto-génocide de Pol Pot au Cambodge, quand un survivant essayait de dire comment on mourait de faim, d'épuisement et de malheur, l'entourage haussait les épaules et expliquait doctement : « Arrête de te plaindre, nous aussi on a souffert, on devait tuer le cochon en cachette[15] ! »

Quand le malheur des autres est inimaginable, on le compare à nos petites misères. Cette réaction qui protège l'entourage isole l'infortuné. J'aurais dû dire : « [...] ce qui isole en lui la partie non partageable de son histoire. » La « crypte » individuelle[16] qui s'incruste dans l'âme du blessé y est installée par la réaction discordante de ses proches et de sa culture.

Le blessé, fasciné par sa déchirure muette, est contraint de chercher en lui-même les solutions de son problème. C'est ainsi que je me mettais à l'épreuve pour me donner la preuve que j'avais le droit de vivre. J'ai fini par comprendre qu'après la Libération, je m'infligeais de petites ordalies afin de me prouver que je n'étais pas soumis au malheur. Je me mettais en danger afin de me donner l'occasion de me prouver

---

15. Rithy Panh avec Christophe Bataille, *L'Élimination*, Paris, Grasset, 2012.
16. Abraham N., Török M., *L'Écorce et le Noyau*, Paris, Flammarion, 1987 ; 2009.

que la mort n'était pas inexorable. J'avais été placé dans une institution à Tarnos, près du bassin d'Arcachon. J'en garde un très mauvais souvenir. Les dortoirs étaient immenses, quatre rangées de dix à vingt lits, les réfectoires encore plus grands où plusieurs centaines d'enfants faisaient un tel bruit que les éducateurs ne pouvaient qu'être répressifs afin de faire régner un calme relatif.

Le grand nombre provoquait l'anonymat. Nous jouions par petits groupes à des jeux de couteaux ou à des bagarres de clans qui créaient, loin des adultes, quelques événements, quelques blessures et quelques alliances. À l'occasion de ces batailles, je m'étais fait une spécialité : il fallait grimper dans un arbre afin de guetter l'arrivée des adversaires, mais au lieu de descendre le long du tronc, j'allais le plus loin possible au bout des branches, jusqu'à ce qu'elles plient sous mon poids. Alors, je me laissais tomber, freinant la chute en attrapant l'extrémité des branches. Ça faisait beaucoup d'effet. Les éducateurs venaient me voir réaliser cette prouesse qui me réconfortait car j'utilisais mes qualités de grimpeur pour me faire admirer et me prouver qu'il est toujours possible de maîtriser une situation, même quand le risque est grand.

J'avais été dépersonnalisé par la guerre. On m'avait pris mes parents, on m'avait arrêté, enfermé, condamné à mort, on m'avait caché pour me protéger, on m'avait encapuchonné pour me faire fuir, enfermé dans des pièces sombres, dans des marmites, chez des gens que je ne connaissais pas. Que ce soit pour me détruire ou pour me protéger, je n'étais pas maître de ma vie. En défiant la mort, je me repersonnalisais.

Parfois, on nous emmenait nous baigner à Capbreton. Les adultes nous avaient dit de nous méfier de la marée descendante et des tourbillons qu'elle provoquait. J'avais donc décidé de devenir un bon nageur pour plonger dans les tourbillons afin… de m'en sortir !

C'est à Castillon que j'ai raconté à des adultes inconnus comment je m'étais évadé en me coinçant sous le plafond puis en plongeant sous le matelas d'une dame mourante. L'un d'eux a dit : « Heureusement que tu n'as pas éternué. Le soldat allemand t'aurait tué. » J'ai aussitôt décidé de me mettre des brins d'herbe dans le nez afin de déclencher des envies d'éternuer et de m'en empêcher. Ça marchait bien ! J'avais les yeux pleins de larmes et parfois le nez en sang, mais je n'éternuais pas. Je me donnais ainsi la preuve que j'étais plus fort que les circonstances. Je pouvais grimper à toute allure, me laisser dégringoler aux extrémités des branches d'arbre, plonger dans les tourbillons et ne pas éternuer. J'étais libre si je le décidais. Il suffisait de flirter avec la mort. Ces ordalies intimes devaient paraître absurdes aux adultes observateurs. Mais, dans ma vie d'enfant détruit par la guerre, ces petits jugements de Dieu m'aidaient à reprendre possession de mon monde.

J'ai répété pendant longtemps ces comportements étranges qui ne parlaient qu'à moi-même en me faisant prendre des risques. Je pense que si, plus tard, j'ai osé entreprendre des études, c'est grâce à ce courage morbide. Si j'avais été équilibré, je me serais adapté à l'existence d'enfant amoindri que mon entourage me proposait : « Mon pauvre petit, comment veux-tu devenir journaliste ou médecin avec ce qui t'est arrivé ? » La compassion aurait été mutilante.

« De quoi parlent les larmes[17] ? » Je n'ai jamais pleuré, ni de la mort de mes parents ni de mon enfance en agonie. Rien à dire. Trop petit pour faire un deuil. Les escarres ne font pas mal, les chairs sont mortes, c'est tout. Les larmes sont apparues plus tard, chez Dora quand, grâce à elle et au foyer qu'elle me proposait, la vie est revenue en moi.

« N'oublie pas que ton esprit est façonné par les expériences les plus banales. Dire qu'un fait est banal, c'est dire qu'il est de ceux qui ont le plus concouru à la formation de tes idées essentielles[18]. » Quand les parents de Gabrielle ont disparu en 1943, la petite fille a été placée dans ce qu'on appelait le « dépôt des enfants de Denfert-Rochereau ». Quelque temps après, en août 1945, elle a été envoyée dans une ferme du Morvan avec d'autres enfants de l'Assistance. « Une paysanne est arrivée… », le directeur de l'agence a dit : « Voilà, vous choisissez, il y a quatre garçons et une fille[19]. » À la première rentrée scolaire, habillée avec les tabliers à carreaux bleus et blancs des enfants de l'Assistance, une fillette s'approche et dit : « Ne joue pas avec elle, elle est de l'Assistance. »

Ce qui donne son pouvoir traumatisant à un rejet banal, c'est sa signification, ce n'est pas l'acte. Rejeter un enfant parce que sa blouse est bleu et blanc peut

---

17. Betbeze J., Séminaire Ardix, Paris, 1ᵉʳ février 2011.
18. Valéry P., *Mauvaises pensées et autres*, cité *in* C. André, *Méditer, jour après jour*, Paris, L'Iconoclaste, 2011, p. 114.
19. Barbin M. G., communication personnelle, août 2010.

agacer ou amuser. Mais quand les couleurs de la blouse veulent dire : « Tu vaux moins que nous parce que tu n'as pas de famille », le rejet devient lourd de sens.

Les vêtements sont porteurs d'une signification venue de notre histoire. Quand Amélie, éduquée dans une famille très croyante, a subi l'inceste, elle était trop petite pour comprendre ce qu'on lui infligeait. Elle éprouvait pourtant une vague conscience de quelque chose d'accablant. Quand, à l'âge de 14 ans, elle a entendu prononcer le mot « inceste », elle n'a pas fait le rapprochement avec ce qui se passait chez elle. Ce n'est qu'à l'âge de 18 ans qu'en pleine conscience elle s'est effondrée. Devenue femme, elle explique : « Quand je m'habille en sport, je suis confiante. Quand je m'habille en femme, je me sens en danger[20]. » Le péril ne vient pas des vêtements mais de ce qu'ils évoquent dans la mémoire : s'habiller en femme, c'est provoquer un désir qui mène à la transgression.

La blouse d'infamie, pour un enfant de l'Assistance veut dire : « Je vaux moins que les autres. » Les chaussures à talons hauts sont angoissantes parce qu'elles annoncent la possibilité d'une transgression sexuelle. C'est notre mémoire qui attribue aux objets et aux événements présents une connotation d'angoisse ou de plaisir venue de notre passé.

Je comprends très bien la réaction de Jean, jeune survivant d'Auschwitz. Quand il est rentré chez lui,

---

20. Boulard F., *Les Représentations résilientes « autotutorantes » dans l'échafaudage des savoirs d'un être socialement détruit*, master 2, Nantes, Sciences de l'éducation, 2011.

fantôme de peau et d'os, traînant avec lui dix siècles de mémoire, il raconte : « Ma mère m'a préparé un lit normal avec matelas, couvertures et oreillers. Bien entendu, je n'ai pas physiquement supporté la douceur d'une telle couche et je me suis allongé par terre[21]. »

Le poids de la mémoire colore le présent. Quand on sort d'une agonie de plusieurs années, on ne peut pas gambader tout de suite. Il faut du temps pour réapprendre à laisser venir le bonheur.

Coutures fragiles, déchirures répétées

Depuis l'âge de 2 ans, je n'avais connu que des ruptures, des déchirures et des menaces. De longues périodes d'amnésie correspondaient à des moments de vie engourdie autour de moi. La dépression probable de ma mère, les isolements sensoriels, l'absence de stimulations ne mettaient rien en mémoire !

Après la guerre, les placements incessants, les changements d'institution empêchaient le tissage d'un attachement. Tout début de lien était de suite déchiré pour aller dans une institution anonyme. Une cascade de placements dans des lieux que je ne connaissais pas, auprès de gens dont j'ai tout oublié, empêchait toute représentation cohérente.

Je ne sais pas pourquoi, je me suis retrouvé à Oloron-Sainte-Marie. Je me souviens d'une côte assez raide qui menait je ne sais où : un pensionnat ? Un

21. Bialot J., *Votre fumée montera vers le ciel*, Paris, L'Archipel, 2011, p. 262.

orphelinat ? Une colonie de vacances ? Quelques souvenirs de bonheur dans cette incohérence, une belle
terrasse avec vue sur la vallée, quelques joyeuses trans-
gressions quand on fumait des tiges de bruyère qui
nous rendaient malades, et surtout une veillée où nous
avions appris *Tout va très bien Madame la marquise*.
Cette chanson mimée m'avait permis de retrouver mon
talent de pitre. C'est très sérieux de faire le pitre, vous
vous sentez revivre, on vous applaudit, on vous aime,
la vie revient doucement.

Je ne sais pas pourquoi, je me suis retrouvé à
Tarnos, à Hossegor, à Saint-Jean-Royan et dans
d'autres institutions où je restais je ne sais pas combien
de temps avec je ne sais qui.

Un souvenir absurde à Hossegor : un « responsable » appelle un « éducateur[22] » pour lui dire qu'il a
reçu un bon me permettant d'aller chercher des vêtements à Paris. Nous avons pris le train, un long voyage
silencieux, car l'éducateur s'ennuyait avec moi et je le
lui rendais bien. Nous sommes arrivés près de la
Bastille, nous avons pris un escalier en plein milieu
d'une rue, l'éducateur a donné mon bon, et j'ai reçu
un pull-over sans manches, à bandes marron et vertes,
du plus vilain effet. Nous avons repris le train pour
un long retour silencieux.

Beaucoup de moments heureux entre enfants.
Construire une cabane, lancer des couteaux, se faire
désigner de corvée après un repas pour essuyer la table

---

22. Le métier d'éducateur n'existait pas dans les années d'après guerre. On disait
plutôt « moniteur ». J'emploie le mot « éducateur » parce que aujourd'hui il dési-
gnerait cette fonction.

et ramasser ainsi une poignée supplémentaire de miettes à manger.

Nos relations avec les adultes se réduisaient à l'autorité et à l'humiliation. Un éducateur dormait avec nous dans l'immense dortoir, mais sa « chambre » était simplement entourée d'une paroi de draps verticaux. Une nuit, l'un d'eux m'appelle et me demande de plonger ma tête dans la bassine où il prenait un bain de pieds. L'ai-je fait ? Par bonheur, un autre éducateur est entré dans la « chambre » et a eu le temps de lui dire des mots qui l'ont fait changer d'avis.

Un autre moniteur était craint pour son autorité. Nous devions marcher au pas dans le grand espace entre les bâtiments. Pour ne pas prendre la peine de nous adresser la parole, Moric, c'était son nom, se contentait de claquer la langue afin de signifier que nous devions démarrer tous en même temps du pied gauche. Je n'ai jamais haï les Allemands, je craignais les miliciens, mais ce jour-là j'ai décidé que je devais devenir fort afin de tuer Moric. D'ailleurs, l'autre jour, dans un village de Provence, en me promenant, j'ai vu une plaque de kinésithérapeute qui portait ce nom gravé. J'ai failli sonner.

Que les Allemands veuillent ma mort me paraissait moins grave que le mépris de Moric. De plus, depuis la fin de la guerre, ils avaient incroyablement changé. Dans les fermes où ils étaient prisonniers de guerre, ils ne portaient plus l'uniforme. Ils travaillaient souvent torse nu et nous interpellaient gentiment. À peine étaient-ils vaincus que les soldats allemands se sont réhumanisés. L'uniforme les avait robotisés. Ça m'apaisait de voir la gentillesse de ces prisonniers de guerre. Je crois que j'avais déjà compris que ces hommes avaient été possédés par une influence maléfique. Aujourd'hui, je dirais « aliénés par leur soumission à une idéologie, pervertis par leurs croyances ».

Ma mémoire n'est pas cafouilleuse quand elle se représente les années de guerre, alors qu'elle devient confuse dès que la paix est revenue. Paradoxalement, la fuite devant les persécuteurs me donnait une ligne de conduite, un but à réaliser. Et surtout, cette stratégie de survie catégorisait mon monde en distinguant simplement les gentils et les méchants. J'étais fier de m'être évadé et d'avoir réussi à échapper à toute une armée qui voulait ma peau. Ce monde était clair pour moi. Je me sentais en confiance auprès des gentils avec qui je parlais aisément. Ils étaient gais, chaleureux, bienveillants et pardonnaient mes bêtises d'enfant. Je passais d'un gentil à l'autre, au gré de l'avancée des troupes allemandes, mais toujours auprès d'eux, je retrouvais cette sensation d'affectueuse sécurité. Ces adultes composaient pour moi une figure d'attachement apaisante. Même quand je devais soudain partir la nuit, dans une camionnette, caché derrière des sacs de pommes de terre pour franchir un barrage, il y avait toujours un adulte bienveillant qui me parlait en souriant.

Ce n'était pas très angoissant, plutôt amusant même, et, quand nous arrivions dans la nouvelle cache, nous partagions, ces adultes et moi, l'euphorie de la victoire. Les méchants avaient été bernés ! Je m'attachais à mes complices inconnus. Pendant la guerre, quelques brèves angoisses et beaucoup de bonheur !

J'ai éprouvé un sentiment de libération quand j'ai vu les gens gambader de joie après Hiroshima, quand la jolie infirmière m'a emmené voir les danseuses nues au Grand Théâtre de Bordeaux et quand j'ai accompagné Pierre Saint-Picq, un ami de Margot, lieutenant FFI lors de l'attaque de Bègles. Quand la traction avant des résistants est entrée dans le village, ça tiraillait encore un peu, mais il a suffi que Saint-Picq sorte de sa voiture avec son brassard FFI et son arme au poing pour que le silence s'impose. L'ennemi invisible avait fui, les résistants ont entouré mon grand ami. C'était merveilleux. Tous ces gentils apportaient la paix et la liberté. La guerre était finie, ils sont rentrés chez eux, nous étions les vainqueurs.

Ma mémoire était claire avant la guerre, quand je n'avais pas 3 ans. Elle a été trouée pendant la guerre quand je n'avais rien à y mettre. Elle est devenue chaotique, incohérente après la guerre pendant les deux années où les juges m'ont confié alternativement à Dora à Paris et à Margot à Bordeaux. Si bien que j'ai été placé une dizaine de fois dans des institutions anonymes où il n'y avait ni méchants ni gentils. Rien.

Je n'ai pas souffert de la perte de mes parents parce que au moment où ils ont disparu j'étais trop petit pour avoir accès à la notion d'irréversibilité de la mort. De plus, ils n'étaient pas morts, ils étaient disparus et j'ai dû attendre la révélation sous la table par Mme Farges pour comprendre qu'ils ne reviendraient jamais. Le fait de ne pas avoir souffert de leur mort ne veut pas dire que la séparation n'a pas laissé de trace dans ma mémoire. À ce stade de mon développement, j'avais déjà acquis quelques facteurs de protection : avant l'écroulement de la guerre, la présence de ma mère m'avait donné confiance en moi. Et puis, on me disait que j'étais bavard comme une pie. Je savais donc mentaliser et partager les mots qui font se rencontrer les mondes intimes. Un autre facteur de protection m'a été offert, pendant la guerre, par tous ces Justes inconnus dont l'ensemble a composé pour moi un substitut affectif sécurisant. Je me sentais bien auprès d'eux. Et puis, nous avions gagné la guerre !

Si j'avais perdu mes parents avant ma deuxième année, j'aurais acquis un grave facteur de vulnérabilité. Je n'aurais pas eu à ma disposition la parole, cet outil de régulation affective. J'aurais été soumis à mes émotions, je n'aurais pas su gouverner mes relations, je n'aurais pas supporté les épreuves qui ont suivi.

Les périodes d'isolement ne permettent pas le souvenir. Quand le monde est vide, que voulez-vous mettre en mémoire ? Mais l'empreinte de la perte laisse une trace dans la représentation de soi. Et quand, par la suite, une autre séparation survient, elle réveille cette mémoire sans souvenirs.

Les séparations sont inévitables au cours de l'existence, elles sont même bénéfiques quand elles préparent à l'autonomie. Mais quand une perte précoce survenue avant l'âge de la parole imprègne dans la mémoire une aptitude à éprouver un sentiment de perte, la moindre séparation ultérieure risque de déclencher une dépression. Un simple éloignement de la personne sécurisante devient douloureux « lorsqu'il survient chez un enfant fragilisé par une séparation ancienne pendant l'enfance[23] ». Une perte symbolique suffit même

---

23. Gorwood P. (dir.), *Mesurer les événements de vie en psychiatrie*, Paris, Masson, 2004, p. 110.

à réveiller cette trace acquise précocement : un échec à un examen, un rendez-vous raté, une rupture amoureuse. Ceux qui ont été précocement sécurisés ressentent ces pertes comme une souffrance mais, très rapidement, ils cherchent à compenser par un autre projet. À l'opposé, ceux qui ont été isolés précocement, avant l'âge de la parole, ayant acquis une vulnérabilité émotionnelle, éprouvent ces inévitables contretemps comme une perte irrémédiable.

Cette vulnérabilité, précocement acquise, explique les curieuses stratégies d'attachement des enfants abandonnés. Dans un premier temps, ils protestent et pleurent parce qu'ils sont indignés qu'on les prive de l'attachement qui leur est dû. Puis, quand le découragement s'installe, ils ressentent la privation comme un néant où ce n'est plus la peine d'appeler. Tant qu'ils ont la force d'espérer, il suffit qu'un substitut affectif se propose, pour qu'ils se précipitent et s'accrochent à lui. Cet hyperattachement anxieux n'est pas différencié. Ces enfants cherchent à s'attacher à toute personne qui passe à leur portée. Ils s'attachent à tout adulte, comme lorsqu'on se noie on s'accroche à tout ce qui flotte. Ça sauve l'enfant, bien sûr, mais le prix d'un tel développement est élevé. Un enfant auparavant sécurisé s'oriente vers les figures d'attachement qui lui conviennent. Il s'approche, sourit et parle à cet adulte. À l'inverse, un enfant qui a acquis une vulnérabilité affective s'oriente vers tout adulte, même s'il ne sourit pas, même s'il le rejette. Il reste près de lui parce qu'il en a besoin, même si l'adulte le repousse. Un tel enfant se sent mieux, mais, ayant perdu son autonomie, il accepte de vivre avec quelqu'un qui ne s'intéresse pas à lui. Devenu adulte, il donnera une forme verbale à ce sentiment imprégné dans son enfance et dira : « Regardez d'où je viens, comment voulez-vous qu'on m'aime ? Regardez qui je suis, je vous remercie de me garder près de vous. Merci d'avoir bien voulu m'épouser. » C'est ainsi qu'il arrive de rencontrer des enfants ou des jeunes gens qui s'attachent désespérément à des parents ou à des conjoints qui les rendent malheureux. Ce style relationnel organise un développement difficile qui peut les orienter vers la dépression. À l'adolescence, quand il faut devenir autonome, ils n'ont pas assez confiance en eux et préfèrent demeurer auprès de ceux qui les négligent ou les maltraitent, jusqu'au jour où ces contraintes répétées et ces frustrations quotidiennes finissent par provoquer une dépression.

Dans une population d'enfants dont l'attachement a été indifférencié, on trouve à l'adolescence quatre fois plus de dépressions que dans la population générale[24]. Et quand la précarité sociale exacerbe cette vulnérabilité en accumulant les frustrations et les traumas, on trouve 68 % de dépressions chez ces adultes qui sont mal socialisés après avoir été des enfants affectivement vulnérabilisés[25].

---

24. Akiskal H. S., « New insights into the nature and heterogeneity of mood disorders », *The Journal of Clinical Psychiatry*, 1989, 50, p. 6-10.

25. Brown G. W., Harris T. O., Eales M. J., « Social factors and comorbidity of depressive and anxiety disorders », *British Journal of Psychiatry Supplement*, 1996, 30, p. 50-57.

Donc, on ne peut pas dire qu'« un échec scolaire ou une rupture de fiançailles provoque une dépression ». Mais on peut expliquer que, lorsqu'un sujet a acquis une vulnérabilité affective à cause de pertes précoces, une perte ultérieure, réelle ou symbolique, aura une forte probabilité de déclencher une dépression.

Quand une perte précoce survient lors d'une période sensible du développement et que le milieu ne propose aucun substitut affectif, l'enfant se retrouve dans une situation d'isolement sensoriel où rien n'est stimulé, ni son cerveau, ni sa mémoire, ni son histoire. Et si l'isolement dure trop longtemps, le cerveau s'assèche, la mémoire s'éteint, la personnalité ne peut plus se développer. Dans ces cas, la résilience devient difficile.

Acquisition d'une vulnérabilité

Ce qui ne veut pas dire qu'une perte précoce provoque des dégâts inexorables. Il arrive souvent qu'un enfant blessé rencontre un substitut familial qui éprouve du plaisir à s'en occuper. Dans ce cas, la vulnérabilité affective de l'enfant, sa difficulté à supporter une séparation, son hyperattachement provoquent une stabilité affective qui facilite les autres développements : bon élève, attentif, un peu trop sérieux, tout le monde chante ses louanges sans savoir que c'est sa vulnérabilité à la séparation qui provoque ses progrès et sa relation agréable.

Peut-être ai-je manifesté ce type d'attachement puisque, pendant la guerre, je m'approchais de tout adulte sécurisant et lui racontais des tas d'histoires. La kyrielle des Justes qui m'ont entouré dans ce contexte dangereux a composé pour moi une base de sécurité. Et, pourtant, je n'ai pas tissé avec eux de liens profonds puisque je devais rapidement les quitter et que j'ai oublié leur nom et leur visage. Ils ont laissé une trace en moi. Je savais que ces gens étaient admirables et je me sentais à l'aise avec eux. Mais, puisqu'ils n'étaient pas mes parents, il ne me venait pas le désir de m'identifier à eux. Quand les circonstances me proposaient une autre base de sécurité, dans un autre lieu, je m'y attachais indifféremment.

Cette adaptation m'a sauvé pendant la guerre et m'a probablement redonné le goût de vivre. Quand la paix est revenue et que j'ai retrouvé quelques survivants de ma famille, je me suis senti abandonné parce que j'attendais d'eux une vraie niche affective, que les juges déchiraient à chaque nouveau placement.

Les sentiments qu'on éprouve sont provoqués par des représentations, au sens théâtral du terme. Pendant la guerre, les méchants me traquaient, mais les gentils qui m'entouraient m'ont aidé à berner les Allemands. Ces représentations sont composées de fragments de vérité arrangés pour mettre en scène le spectacle de ce qui m'est arrivé. Je ne mentais pas, je décrivais simplement ma chimère de moi.

Récemment, je me suis demandé si ce théâtre de moi, cette représentation intime que je n'avais pas eu la possibilité de partager, correspondait à la vérité des

faits. Devais-je retourner sur les lieux pour vérifier ?
Devais-je rencontrer des témoins qui avaient partagé
avec moi le même événement ?

Je n'avais jamais eu le courage de tenter cette véri-
fication, comme si j'avais craint de faire revenir le
passé. Cette réaction prouve que la souffrance post-
traumatique n'était pas loin. Ce n'était pas un refou-
lement qui aurait provoqué une amnésie, précisément
sur le point le plus sensible de ma mémoire. Je pensais
tout le temps à la guerre, mais j'engourdissais l'émotion associée à sa représentation. Tout ce que je percevais dans mon contexte prenait sens en se référant
à ce qui m'était arrivé. Je me sentais proche des Viet-
namiens et des Algériens qui luttaient… contre l'armée
française, celle de mon pays. Je m'identifiais aux
esclaves noirs, j'aurais aimé participer à leur libération.
Je comprenais qu'on lutte contre une armée pour sauver sa liberté, et j'aurais souhaité que l'armée de mon
pays ne ressemble pas à l'armée d'occupation allemande que j'avais connue.

Je me souvenais de tout avec précision, mais
je me faisais croire que je n'étais pas traumatisé
puisque j'étais vivant. Quand les adultes me demandaient si je faisais des cauchemars, je me sentais fort
en répondant que, non, je n'avais pas ce problème.
Je l'évitais simplement. Je fuyais en avant, je me
réfugiais dans l'action, dans la rêverie, dans un trop
bon contact, dans un flot de paroles qui me servaient
à masquer ce qu'il ne fallait pas dire. Je n'aurais
pas supporté le retour de l'émotion, j'aurais été accablé par votre incrédulité ou votre incompréhension.
« Le déni est un processus qui me semble être ni

rare ni très dangereux dans la vie psychique d'un enfant[26]. » Le déni protège de la souffrance traumatique, mais il altère le souvenir en engourdissant l'émotion associée à la représentation de l'événement. Aujourd'hui encore, j'ai envie de dire que je n'ai pas souffert de la guerre, mais je suis obligé de me demander si c'est vraiment normal de tourner autour d'une table pendant des heures, dans une pièce vide, ou de rester anesthésié dans des situations où il serait logique de s'affoler.

Avec l'âge et le recul du temps, j'ai regagné un peu de force, j'ai eu envie de vérifier. Je ne pouvais pas revenir sur les lieux simplement pour les revoir, ça aurait réveillé les traces du passé. J'avais besoin d'un enjeu, d'un projet pour métamorphoser l'émotion provoquée par la perception des lieux. J'ai donc décidé de faire une enquête pour vérifier si la représentation de mon passé correspondait aux faits.

L'intention modifie la manière dont nous éprouvons les faits. Je me rappelle cette expérimentation où l'on observait les mimiques d'une personne devant laquelle on faisait défiler des compères qui devaient mimer la tristesse, la gaieté ou l'agitation désordonnée. Quand un complice au visage triste passait devant cette personne, son visage immobile paraissait fasciné. Quand un compère gai traversait la pièce, la personne souriait en levant les sourcils. Et quand l'agité surgissait en sautant et poussant des grognements, elle fronçait les sourcils et pinçait les lèvres d'un air agacé. C'est

26. Freud S. [1938], *Abrégé de psychanalyse*, Paris, PUF, 1950, et Laplanche J., Pontalis J.-B., *Vocabulaire de la psychanalyse*, Paris, PUF, 1973, p. 115.

alors que nous avons dit[27] : « Cet agité a pris des amphétamines. » Instantanément, les mimiques ont changé, témoignant d'une modification des émotions. La personne observée a froncé les sourcils et pincé les lèvres en hochant la tête d'un air condescendant. Nous obtenions ainsi la preuve qu'une simple injonction verbale, en remaniant les représentations, modifiait la manière d'éprouver les faits.

À la recherche du passé

Cette injonction verbale m'est venue d'un ami[28], un dimanche à Bordeaux. La réunion se terminait vers 12 heures, mon avion décollait vers 19 heures, je lui avais vaguement raconté que, pendant la guerre, j'avais été dans une ferme à Pondaurat. Il m'a dit : « J'ai fait danser dans ce village, ce n'est pas loin, veux-tu qu'on y aille ? »

Je n'ai bien sûr rien reconnu. Pourtant tout était clair dans ma mémoire. Je me souvenais des tablées d'ouvriers agricoles dans la pièce séparée de l'étable où, la nuit, on abritait les moutons. J'ai une mémoire précise du puits où j'allais puiser l'eau, de sa margelle et de sa grosse poulie. Je me souviens de la grange en bois noir, avec ses rais de lumière entre les planches.

---

27. Inspiré par Bee H., Boyd F., *Psychologie du développement*, Bruxelles, De Boeck, 2003.
28. Philippe Brenot, psychiatre, anthropologue, directeur d'enseignement à l'université. Excellent musicien, pendant ses études de médecine, il a gagné un peu d'argent en faisant danser dans les bals de village.

Je ne retrouvais rien de tout ça en arrivant au village où il n'y avait que de jolies maisonnettes fleuries. Mon ami a eu pour moi une hardiesse qu'il n'aurait jamais eue pour lui. Il questionnait tous les passants jusqu'au moment où un vieux monsieur nous a indiqué la ferme de la métayère. C'est son nom, « Marguerite », et celui de sa fille, « Odette la Bossue », qui ont orienté l'indication du villageois.

Quand j'ai dit à la jeune femme qui se trouvait près de lui que mon travail consistait à puiser l'eau le matin et rentrer les moutons le soir, elle a dit : « Vous devez vous tromper, il n'y a jamais eu de moutons ici. » C'est alors que le vieux monsieur a précisé : « Si, si, nous avons fait le mouton jusqu'en 1956, ce n'est qu'après qu'on est passé à la vache. » Je tenais ma preuve ! Nous avons retrouvé la ferme, discuté avec la nouvelle propriétaire qui l'avait joliment aménagée, comme le font les citadins quand ils retapent une maison de campagne. Le puits, si clair dans ma mémoire, était derrière la maison, alors que je le voyais nettement devant le perron. La grange en bois noir était immense dans ma mémoire et ne pouvait correspondre avec celle que je voyais. Quand la propriétaire a expliqué : « Mon mari la trouvait trop grande, elle cachait la maison, alors il a fait réduire la hauteur », j'ai revu le pont et l'avancée de pierre d'où j'étais tombé dans l'eau, et j'ai eu un sentiment de familiarité en voyant la place du village où les garçons murmuraient en me regardant de travers : « Les Juifs ne disent jamais merci. »

C'est tout : quelques indices alimentaient ma représentation d'images claires et pourtant mal congruentes aux choses. Les seuls repères fiables ont été les prénoms « Marguerite la métayère » et « Odette la Bossue » dont le simple énoncé a permis de retrouver la ferme.

Les images d'hier gravées dans ma mémoire ne correspondaient plus aux choses d'aujourd'hui. Le puits, la grange et la maison construisaient dans ma mémoire une autre représentation, une autre évidence pour moi.

Je me suis alors demandé si les mots d'alentour, ceux que l'on entend dans la vie quotidienne quand ils sont bavardés par notre famille, nos amis et notre culture, n'auraient pas un effet inducteur de la mémoire. Quand je pense à mes déplacements incessants après mon évasion, je revois la camionnette pseudo-ambulance, la marmite dans la cuisine de la cantine, la tête de la bonne sœur qui passe par la porte entrebâillée et refuse de l'ouvrir, les repas joyeux chez Margot, l'austère gentillesse du directeur d'école de Castillon, mes larcins de raisin muscat et un entrelacs d'images heureuses et malheureuses, je me demande : « Si j'avais entendu d'autres mots, aurais-je mis les mêmes images dans ma mémoire ? » Si j'avais connu le mot « traqué », aurais-je éprouvé le même sentiment en déroulant le film de ces événements ? Ne le connaissant pas, c'est l'étonnement qui connotait la camionnette, la marmite, la bonne sœur et le raisin volé. Si le mot « traqué » avait évoqué en moi la représentation d'un gibier encerclé afin d'être mis à mort, ce n'est pas l'étonnement qui aurait connoté cette avalanche d'événements, c'est un sentiment de panique qui aurait été suggéré.

La représentation du trauma serait-elle influencée par la manière d'en parler ? Le simple fait de prononcer un mot suffit-il à rappeler des images et des faits ?

Deux psychologues américaines ont passé un film où l'on voyait deux voitures se tamponner[29]. Pour poser la question, elles ont choisi leurs mots : « D'après vous, à quelle vitesse les voitures roulaient quand elles se sont percutées ? » Ceux qui ont visionné le film ont évalué que les voitures roulaient à cent quarante kilomètres-heure.

Puis, elles ont montré le même film à d'autres spectateurs en formulant autrement la question : « D'après vous, à quelle vitesse les voitures roulaient quand elles se sont heurtées ? » La vitesse des voitures fut alors estimée à quatre-vingt-dix kilomètres-heure parce que le mot « heurter » évoquait moins de violence que le mot « percuter ».

La manière dont j'entendais raconter autour de moi ce qui m'était arrivé provoquait des sentiments différents. À Castillon, j'ai entendu des adultes dire en parlant de moi : « Ce petit, il en a vu des horreurs. » Ce que j'avais vu, c'étaient donc des horreurs. Le réel représenté par ces mots était donc terrifiant et aurait dû me donner des raisons de souffrir.

Il se trouve que j'ai entendu d'autres mots et mis en mémoire d'autres images. Les inspecteurs qui m'avaient arrêté la nuit, avec leurs revolvers et leurs lunettes noires, je les trouvais ridicules. L'infirmière

29. Loftus E. F., Palmer J. C., « Reconstruction of automobile destruction : An example of the interaction between language and memory », *Journal of Verbal Learning and Verbal Behavior*, 1974, 13, 5, p. 585-589.

qui m'avait aidé au cours de mon évasion, je la trouvais jolie et souriante. Les Justes qui se sont relayés pour me cacher pendant plusieurs mois ne parlaient ni d'horreur ni d'héroïsme, ils faisaient tranquillement leur boulot quotidien. Pourquoi voudriez-vous que, dans un tel contexte, les événements soient connotés d'horreur ?

L'accablement est apparu avec la paix quand les adultes chargés de s'occuper des enfants sans famille ne prenaient pas la peine de leur parler. Ou quand, apitoyés, ils disaient : « Le pauvre, il n'a pas de famille. » Ou quand je surprenais la phrase : « Il raconte des histoires. » Ou quand une assistante sociale chargée d'éclaircir mon dossier a éclaté de rire quand je lui ai dit que je voulais devenir médecin. Ou quand un fonctionnaire à qui j'expliquais que mon père s'était engagé dans la Légion étrangère a affirmé : « Avec un nom pareil, on ne peut pas être mort pour la France. »

Tous ces mots d'alentour, ces petites phrases, ces stéréotypes constituaient un environnement verbal à partir duquel je connotais affectivement ce qui m'était arrivé : honte ou fierté, désespoir ou gaieté, ces sentiments opposés s'accolaient à un même souvenir selon la manière dont mon entourage en parlait.

Chez Dora, on ne parlait pas de ça. Seuls comptaient les mots du bonheur : « danse », « bas nylon », « Lucky Strike » et « copains ». Pas de guerre, pas d'horreurs, quelques évocations de plaisirs immédiats. Notre culture, dans les années d'après guerre, n'avait pas assez de recul pour comprendre que le déni protecteur installait dans nos âmes une bombe à retardement.

J'ai mis plus de cinquante ans avant d'oser revenir dans la synagogue. J'avais souvent traîné dans le quartier de la rue Labirat, mais, allez savoir pourquoi, je n'avais jamais pris cette rue qui y menait. C'est une amie qui m'a entraîné : « C'est juste à côté, m'a-t-elle dit, on peut y faire un saut, je connais le rabbin. » Il faisait beau, l'air était léger, sa compagnie était agréable, je pouvais donc y aller sans ressentir un poids sur la poitrine.

La synagogue était belle, ça m'a fait plaisir. Le rabbin nous a accueillis avec son frère. L'ambiance amicale et les visages souriants nous ont permis d'aborder le problème sans détour : « C'est la première fois que vous revenez ici ? »

Premier étonnement : la synagogue est blanche, alors que dans mon souvenir je vois beaucoup de rouge. Le tabernacle est rouge et, dans ma mémoire, un homme ouvre sa porte et en sort les rouleaux de la Loi. Curieux ? Profanation ? Faux souvenirs ? Je me rappelle le rouge de l'autel et le rouge des fauteuils, le long du mur, à gauche en entrant. Aujourd'hui, les murs sont blancs et les fauteuils sont en bois. Je raconte au rabbin comment, à l'entrée, il y avait deux petites tables pour la sélection. L'une condamnait à mort, l'autre autorisait à vivre, mais nous ne savions pas laquelle il fallait choisir. Je lui dis que, la nuit, nous étions réveillés par un café obligatoire, que nous devions aller chercher entre deux rouleaux de barbelés.

Le frère du rabbin me montre sur une colonne, au pied du chapiteau d'un pilier du vestibule, un gros éclat dans la pierre, un trou provoqué par un coup de fusil. « Vous vous rappelez certainement ? » Je ne

me rappelle pas. Soudain me revient le souvenir d'une
rédaction que j'avais faite au lycée, quelques années après
la guerre. Je racontais qu'un enfant, emprisonné pendant la guerre, assistait à une fusillade à l'intérieur d'un
temple. Si j'avais écrit mon autobiographie à 13 ans,
j'aurais certainement décrit cet événement impression-
nant. Soixante ans plus tard, ce souvenir effacé de ma
mémoire ne raconte plus les mêmes scènes.

Quand on m'a offert le petit livre *La Synagogue
de Bordeaux*[30], j'ai pu y voir un tableau de Jean-Lubin
Vauzelle, daté de 1812, où l'artiste a peint le rouge
des tentures au-dessus du tabernacle et des fauteuils
contre le mur, à gauche en entrant. Je vois aussi une
autre peinture d'Auguste Bordes (décidément), de
1845, qui confirme l'existence des tentures et la disposition longitudinale de l'autel. Sur le sol, je reconnais
les mosaïques et, vers le toit, les colonnettes d'inspi-
ration mauresque.

Certains points de ma mémoire sont donc plus
fiables que les témoignages d'aujourd'hui, puisque les
peintres du XIXe siècle me donnent raison. Mais la
fusillade, qui, aujourd'hui, ne fait plus partie de mes
souvenirs, a charpenté mes récits quand j'étais enfant.
Ai-je effacé cette scène sous la pression de l'incrédulité
de mon entourage ?

Nous nous dirigeons maintenant vers l'endroit de
ma survie : les toilettes ! Je reconnais la courette qui
y mène, je revois le fenestron trop haut pour s'évader
et, déception... le Z dessiné par les planches à l'inté-

---

30. Cadeau du docteur Aouizerate, *La Synagogue de Bordeaux*, Bordeaux, Consis-
toire israélite de Bordeaux, Éditions Le Bord de l'eau, 2002.

rieur des portes n'existe plus. J'ai passé des années à revoir ce Z dans mon théâtre intime et je suis presque inquiet en ne le retrouvant pas. Je demande au rabbin et aux amis qui m'accompagnent : « On a refait les portes ? » Le frère dit : « Je crois qu'on les a refaites. » Il n'a pas l'air convaincu. Et moi je pense qu'on risque de ne pas me croire puisque c'est la réaction habituelle. J'aurais tant aimé que le Z des portes confirme ma technique d'évasion. On sourit autour de moi, mais je sens bien qu'eux aussi sont déçus.

Ce qui me préoccupe, c'est le perron de la synagogue. Je revois dans mon souvenir la porte grande ouverte et le soleil éclairant l'intérieur. Les cars ont disparu emportant les prisonniers vers la gare Saint-Jean. Je suis seul en haut des marches et j'aperçois en bas l'infirmière qui me fait signe de courir vers le véhicule près d'elle. Dans mon souvenir, ce n'est pas discutable, je dévale les marches vers l'ambulance. Or, sur le perron, je ne vois que trois marches moussues ! Et puis, comment aurais-je pu plonger dans la camionnette puisque la cour de la synagogue est entièrement fermée par une forte grille ouvragée !

Pourtant, je me vois dégringolant les marches vers la camionnette, je me vois plongeant sous le matelas que quelqu'un a soulevé, je me souviens qu'on m'a dit : « Ne bouge pas, ne respire pas si fort. » Je sais qu'on me l'a dit, mais je ne l'entends pas. Peut-être étais-je essoufflé d'avoir couru ?

Dans ma mémoire, je dégringole un escalier aussi grand que celui du *Cuirassé Potemkine*. Dans le réel, je ne vois que trois marches moussues ! Dans ma mémoire, je grimpe sur le Z des planches de la porte des toilettes. Dans le réel, il n'y en a pas ! Dans ma mémoire, je cours vers l'ambulance garée en bas de l'escalier, le long du trottoir. Dans le réel, une épaisse grille ferme l'espace devant la synagogue ! Mes souvenirs sont-ils tous faux ?

Les archives, pourtant, confirment mon arrestation. J'ai vu mon nom sur un ordre de rafle curieusement daté : « Liste des enfants des Juifs arrêtés dans la nuit du 1er au 16 juillet 1942[31]. » Parmi une quarantaine d'enfants, la plus jeune, Jacqueline, est âgée de 1 an. Ma mère, arrêtée le 18 juillet 1942, m'avait probablement placé à l'Assistance publique la veille. Je n'ai pas été arrêté à cette date.

Quand le réel cafouille, ma mémoire reste claire. En effet, il y a eu des travaux dans la synagogue, on a repeint les murs et refait les toilettes. En effet, une camionnette pouvait se garer le long du trottoir, puisqu'on peut voir sur une photo d'avant guerre que la grille n'existait qu'au milieu du parvis, laissant libres les côtés[32]. Ouf ! J'ai eu peur que vous ne me croyiez pas.

Mais l'escalier du *Cuirassé Potemkine*, lui, n'a pas pu exister. Et pourtant, je vous assure que je l'ai dévalé, je vous assure. J'ai oublié l'émotion que j'ai ressentie au moment où je courais vers l'infirmière. Probablement correspondait-elle à l'émotion que donne l'image de cet escalier immense que j'ai vu, plus tard, dans le

---

31. Archives Slitinsky : « Liste des enfants des Juifs arrêtés dans la nuit du 1er au 16 juillet 1942. Mère arrêtée chez elle. Père mutilé, arrêté à l'hôpital Saint-André. »
32. *La Synagogue de Bordeaux, op. cit.*, p. 44.

film d'Eisenstein : dans un landau qui dévale l'escalier, un bébé seul va mourir en s'écrasant au bas des marches. J'ai condensé les deux souvenirs en un seul. J'ai oublié la source de cette mémoire, mais je n'ai pas oublié la forme imagée que l'escalier de *Potemkine* donnait à mon émotion.

C'était donc vrai pour moi, même si les sources de ma mémoire étaient différentes. Dans le réel, j'ai dévalé trois marches, mais dans la représentation de ce réel, c'était l'escalier du *Cuirassé Potemkine*.

Le mot « représentation » est vraiment celui qui convient. Les souvenirs ne font pas revenir le réel, ils agencent des morceaux de vérité pour en faire une représentation dans notre théâtre intime. Le film que nous projetons dans notre monde psychique est l'aboutissement de notre histoire et de nos relations. Quand nous sommes heureux, nous allons chercher dans notre mémoire quelques fragments de vérité que nous assemblons pour donner cohérence au bien-être que nous ressentons. En cas de malheur, nous irons chercher d'autres morceaux de vérité qui donneront, eux aussi, une autre cohérence à notre souffrance.

Dans tous les cas, ce sera vrai comme sont vraies les chimères, ces monstres imaginaires où tous les éléments sont vrais.

Dans la mémoire de soi, la vérité des choses est partielle : on ne se rappelle presque rien des milliards de milliards d'informations qui chaque jour nous pénètrent. Puis, on fait une représentation avec ces presque riens qui donnent une forme imagée à ce que nous ressentons. C'est à ce théâtre intime que nous répondons en applaudissant, en pleurant ou en nous indignant, alors que nous ignorons les traces non conscientes et les souvenirs empêchés de nos refoulements.

La guerre est finie

J'ai une claire conscience de la libération de Castillon mais, tracassé par la confrontation entre mon souvenir et le réel de mon évasion, j'ai décidé de retourner dans cette petite ville.

Lors de la remise de la médaille des Justes à Margot, j'avais remarqué un homme âgé, droit et encore beau, dont la gravité m'intriguait. On nous a présentés : « M. Lafaye, le directeur de l'école qui t'a hébergé à la fin de la guerre. » Nous nous sommes dit des mots, que voulez-vous dire d'autre ? Nous avons échangé nos adresses et promis de nous revoir. Il est rentré chez lui et il est mort. On m'a dit qu'il avait été heureux de nos retrouvailles.

Près de lui, lors de la cérémonie, une dame pleurait en souriant. C'était sa fille, Claudine Sabaté. Je me souviens clairement d'une petite fille que nous emmenions parfois, avec mon copain, pour chaparder du muscat. Elle n'avait aucun souvenir de moi, ni du muscat, mais elle avait entendu parler de ce petit garçon que son père avait caché dans l'école de Castillon, en plein milieu de l'armée allemande.

Je n'ai rien reconnu de Castillon. Il faisait frais, nous bavardions dans une rue proprette quand Mme Villechenoux a dit : « Voilà, c'est l'école ! » Une belle maison aux murs blancs, avec vue sur les collines. Rien de ce que je voyais ne correspondait à ma mémoire. Au fond, là-bas, logiquement il y avait le préau. C'est là que je bavardais avec Françoise, la petite brune aux yeux bleus et aux dents écartées. Merveilleuse !

Là où je vois un jardin, il y avait des tables en bois que les soldats avaient sorties pour s'installer en plein air. Ils m'adressaient la parole en allemand, ils m'offraient un fruit, jouaient à me lancer en l'air, ce qui m'inquiétait un peu mais enfin, puisqu'ils riaient.

Avec mon copain de rapines, nous nous promenions parmi eux, émerveillés par les fusils. Tout en haut de la maison, le nouveau propriétaire avait conservé la petite tour vitrée d'où le soldat qui montait la garde nous avait chassés à coups de pied.

Je me souviens que, sur la route, quelques bottes de paille composaient une chicane. Une mitrailleuse était servie par deux soldats. Avec mon copain, nous franchissions le barrage, quand un soldat nous a appelés en souriant. Il nous a fait comprendre par signes qu'il voulait nous montrer quelque chose. Il a pris son fusil et tiré sur un mur, faisant exploser une grosse pierre. Tout le monde a ri. C'est beau la guerre !

Quelques souvenirs plus tard, je vois des soldats débraillés, marchant en désordre sur la route. Ils n'ont pas d'armes ni de casque. Ils sont sales, mal rasés, leur col est ouvert, négligé. J'entends dire qu'ils ont commis une faute militaire en se rassemblant sur la place du village. Sur les collines tout autour, les maquisards les ont bombardés sans difficulté.

Quand je raconte ce souvenir à Françoise Villechenoux, elle me promet de m'envoyer les témoignages des anciens de Castillon qui ont vécu cette période et je lis : « Les maquis ont pris position autour de Castillon, arrivés par les coteaux en haut de la côte de Castillon… Absence de combats, même si quelques coups de feu ont été échangés[33]. » C'est Jean Collin, le responsable d'une troupe de maquisards FTP communistes, associés aux FFI gaullistes, et Pierre Drus, le maire de cette époque, qui ont habilement négocié la reddition des Allemands. « Le commandant… c'était pas un qui était très chaud, c'était pas un hitlérien… parce qu'il en avait plein le c… de la guerre… et puis qu'ils battaient en retraite partout[34]. »

Mes souvenirs prennent sens avec ces témoignages. Je me suis longtemps demandé pourquoi les Allemands ne m'avaient pas arrêté, une seconde fois. Je me rappelle le réveil la nuit, je dormais sur une sorte de lit de camp dans le couloir de l'école, quand la lumière m'a réveillé. Derrière les torches, des officiers allemands auxquels M. Lafaye parlait à voix basse. Ils sont partis, je me suis rendormi. Aujourd'hui je comprends, « le commandant… c'était pas un qui était très chaud… il en avait plein le c… de la guerre ».

---

33. Groupe de recherches historiques et de sauvetage archéologique du Castillonnais (Grhesac), *Castillon à l'heure allemande (1939-1945)*, 2005 ; et Lormier D., *Aquitaine 1940-1945. Histoire de la Résistance*, Montreuil-Bellay, CMD, 2000.
34. Témoignage de Philippe Naud, Grhesac, *Castillon à l'heure allemande (1939-1945)*, *op. cit.*, p. 190-191.

Le lendemain de la Libération, quand j'ai vu un maquisard, avec son arme et son brassard, parlant avec un villageois, je me suis approché et j'ai entendu : « Ils ont commis une faute en se regroupant au centre, sur la place du village, une armée doit toujours contrôler les hauteurs. » Les Allemands avaient été rassemblés par les maquisards sur cette place : « Je vais en ville et je vois, descendant de l'avenue de la gare, des soldats débraillés marchant en désordre. Les Allemands [...] prisonniers sont amenés dans la cour de la gare. L'opposition d'un chef maquisard empêche leur exécution[35]. » Ce résistant interdira aussi d'insulter les prisonniers.

Le maquisard qui parlait avec les villageois venait probablement d'arriver après la reddition : « immédiatement après la Libération, dans les jours qui ont suivi, de nombreux maquis sont passés à Castillon [...], on pense au maquis Janlou, dirigé par le chef de groupe Baruthel, à celui de Loiseau, dirigé par Moresée[36]... ».

Quand le maquisard a dit : « Nous avons un mort et trois blessés graves » et que j'ai laissé échapper : « C'est tout ! C'est pas beaucoup ! », il parlait probablement d'un combat qui avait eu lieu ailleurs qu'à Castillon puisque ces maquisards sont arrivés le lendemain de la Libération. J'ai cru qu'il y avait une opposition entre mon souvenir de combat et les témoignages qui affirmaient une absence d'engagement militaire. Il s'agissait encore une fois d'une condensation de deux sources différentes.

---

35. Témoignage d'Armand Rebeyrol, Grhesac, *Castillon à l'heure allemande (1939-1945)*, op. cit., p. 193.
36. Ghresac, *Castillon à l'heure allemande (1939-1945)*, op. cit., p. 188.

J'avais connu les Allemands, merveilleux vainqueurs défilant à Bordeaux. Les chevaux, les tambours, la musique et l'ordre impeccable dégageaient une impression de force et de beauté. Puis, je les ai connus occupants débonnaires distribuant des bonbons, se promenant sans arme, sans calot et sans ceinturon de façon à donner une impression bon enfant, comme l'exigeait le contrat passé avec le gouvernement de Vichy. Je les ai connus ensuite occupants, dressant des barrages, contrôlant les papiers, arrêtant des innocents, matraquant à mort des femmes inoffensives. Je découvrais maintenant des Allemands vaincus, épuisés, débraillés, se soumettant aux ordres de quelques gamins.

Les mêmes hommes avaient changé d'image, sans arrêt. Choisissez la vôtre : un musicien, un brave type, un tortionnaire ou un vaincu ? Quelle que soit votre image, elle sera vraie.

Les hommes sont structurés par la structure de leurs milieux. Notre principale liberté consiste à chercher le milieu où l'on pourra se développer selon nos espérances ou à façonner le milieu qui va nous façonner. Quand on est pris dans un contexte, il s'imprègne dans notre âme et fait de nous ce que nous sommes... pour l'instant.

À peine étaient-ils vaincus que les Allemands sont redevenus humains. Les robots surhommes se transformaient en braves types : « La Wehrmacht est en déroute. Auschwitz est presque vide. Les gardiens SS sont partis entraînant avec eux quelques milliers de déportés, cadavres ambulants qui vont mourir lors de cette marche hallucinante. Quelques déportés restent dans le camp vidé. On se retrouve au block des pompiers et on trouve un piano. Et je découvre qu'Henri est un pianiste de jazz, excellent. La porte s'ouvre. Un Allemand entre. Toutes les armées du monde quand elles perdent une guerre, elles sont pareilles. Des types en loques, des types qui ont peur, des types qui sont sales, des types qui puent… Il nous demande un morceau de pain. Je lui ai donné un demi-pain… Il avait des chaussures, c'étaient des épaves. Il nous a demandé, à nous déportés, lui allemand : "Est-ce que je peux avoir une paire ?" On lui a dit : "Prends." Le gars s'en va, il était heureux. Il me tape sur l'épaule et me dit (je le dis en français) : "N'aie pas peur, *Mensch*[37], demain les Russes seront là." »

Quand les Allemands étaient vainqueurs, ils avaient une mentalité de surhommes robots, soumis aux ordres de leurs chefs et légitimant leurs crimes par la récitation de quelques slogans moralisateurs. Dès qu'ils ont été vaincus, ils sont redevenus timides, polis et respectant les rituels qui nous permettent de vivre ensemble.

Germaine Tillion témoigne de cette métamorphose quand elle raconte qu'en arrivant à Ravensbrück un dimanche soir d'octobre 1943, elle a eu « la révélation brutale du camp, du bagne […] et de la vivisection des jeunes filles[38] ». Elle décide de se défendre et de soutenir les blessés, comme elle l'a toujours fait.

---

37. En allemand et en yiddish, quand on veut parler d'un homme estimable, on l'appelle *Mensch*.
38. Tillion G., *Une opérette à Ravensbrück*, Paris, Éditions de La Martinière, introduction par Claire Andrieu, 2005, p. 5.

Pour comprendre cet « outre-monde », elle observe, écrit et organise une « résistance par le rire ». En prenant ses notes d'ethnologue, elle remarque que, lorsque les gardiennes SS prennent leur fonction, elles gardent leur aspect humain pendant quatre jours. Le cinquième, elles se déshumanisent et deviennent brutales, cruelles et dépourvues d'empathie.

À la Libération, quelques Français devenus vainqueurs après avoir été opprimés ont libéré aussi leurs pulsions sadiques. Le phénomène des femmes tondues en est le plus visible symptôme. Les tondeurs ont trouvé un prétexte moralisateur afin de jouir en humiliant ces femmes qui, selon eux, avaient pratiqué la « collaboration horizontale ». Quelques-unes étaient de pauvres filles qui se vendaient de-ci, de-là à l'homme qui voulait bien les payer, Allemand ou Français, peu importait. D'autres femmes, de vraies collaboratrices, n'ont pas été tondues parce qu'elles habitaient dans les beaux quartiers où on les protégeait. La majorité de ces Françaises ont été des femmes amoureuses d'un Allemand. Aujourd'hui, c'est considéré comme une preuve d'ouverture, un facteur de paix en Europe. Hier, dans le contexte de la guerre, ces rencontres sexuelles prenaient la signification d'une trahison.

L'immense majorité des Français a réagi avec dignité. Quand j'entendais parler des règlements de comptes à la Libération, des quelques faux tribunaux d'épuration qui ont fusillé leurs voisins et parfois pris leurs biens, les adultes qui m'entouraient fronçaient les sourcils et disaient : « Il n'y a pas de quoi être fier. » Certains même se sont mis en colère et ont empêché d'humilier les prisonniers allemands. Ceux-là ne sont pas rentrés dans l'histoire de la Libération. On ne fait pas de récit avec un non-événement.

La cohérence dépend de ce que nous sommes capables de comprendre. Il y a quelques jours, je parlais avec une petite philosophe de 7 ans dont la sœur aînée venait de suivre, à l'école, un cours d'éducation sexuelle et l'avait raconté à la maison. Comme la petite savait que j'étais docteur, elle m'a fait part de sa colère. Le professeur, selon elle, disait n'importe quoi ! Quand je me suis étonné, ma petite philosophe m'a doctement expliqué que l'enseignant avait parlé de la sexualité des plantes, or « ça n'existe pas une marguerite enceinte ! », s'indignait-elle.

Âgée de 7 ans, la jeune philosophe avait parfaitement compris que, n'ayant pas de zizi, elle était vouée, quand elle serait grande, à devenir une maman, ce qui lui paraissait un merveilleux destin. Mais, à cet âge, elle n'avait pas encore la représentation de l'acte sexuel qu'elle connaissait vaguement et qui lui paraissait « très bête ». À ce stade de son développement, elle n'avait pas encore acquis les connaissances qui lui auraient permis de se représenter la pénétration sexuelle et encore moins le frétillement des spermatozoïdes dans la trompe utérine avant d'entrer dans l'ovule. Pour elle, la beauté de la sexualité consistait à rencontrer un prince charmant, puis à porter un enfant et non pas à fusionner les gamètes. Dans ces conditions, vous admettrez que l'enseignant disait n'importe quoi. Dire que les

plantes avaient une sexualité paraissait incohérent à
ma petite philosophe. Cette petite fille ne pouvait
alimenter sa représentation qu'avec les connaissances
dont elle disposait. Peut-être est-ce ainsi que nous
raisonnons tous ?

CHAPITRE 3

MÉMOIRE BLESSÉE

Dès l'âge de 8 ans, façonné par ces curieux événements[1], acteur des relations que j'établissais, je me jouais sans cesse la représentation de ce qui m'était arrivé.

Mais le récit du drame passé dépend autant de la personne que nous sommes au moment où nous y pensons que de la personne avec qui nous en parlons[2].

La division du moi menacé

Le clivage est une solution qui s'impose au traumatisé quand « cette division du moi ou de l'objet, sous l'influence angoissante d'une menace [fait] coexister les deux parties séparées qui se méconnaissent sans

---

1. Schank R. C., Abelson R.P., *Scripts, Plans, Goals and Understanding : An Inquiry Into Human Knowledge Structures*, Hillsdale, Erlbaum, 1977.
2. Nelson K., *Event Knowledge : Structure and Function in Development*, Hillsdale, Erlbaum, 1986.

compromis possible[3] ». Une moitié parle à voix haute, tandis que l'autre murmure le contraire.

En me donnant à moi-même le rôle du héros dans un récit intime que je ne pouvais partager, je me rendais sujet de mon histoire. Je n'étais plus une chose que l'on voulait écraser. Je me sentais mieux quand je me racontais ce qui m'était arrivé, mais je ne voyais pas à quel point cette défense troublait mes relations. Je changeais la façon dont le passé agissait en moi. Je construisais du neuf en remaniant mon histoire, ce qui me permettait d'échapper à la mémoire traumatique[4].

Le vécu d'une expérience n'a rien à voir avec le rappel de cette expérience. Raconter une jouissance passée ne la fait pas revenir, mais donne le plaisir de la raconter. Faire le récit de son malheur peut réveiller le sentiment de malheur quand on réactive la mémoire douloureuse sans la remanier : on appelle ça « se plaindre ». Mais quand on modifie la représentation en cherchant à comprendre et à se faire comprendre, le récit partagé infléchit le sentiment : ruminer ou remanier, voilà les deux chemins qui nous sont proposés après un trauma.

Certains chercheurs ont voulu vérifier ce remaniement du souvenir. En 1962, Denis Offer[5] a demandé à soixante-dix-sept adolescents âgés de 14 ans

---

3. Ionescu S., Jacquet M. M., Lhote C., *Les Mécanismes de défense. Théorie et clinique*, Paris, Nathan Université, 1997, p. 148.
4. Lejeune A., Ploton L., « Résilience et vieillissement », *in* B. Cyrulnik, G. Jorland, *Résilience. Connaissances de base*, Paris, Odile Jacob, 2012, p. 127-128.
5. Offer D., Kaiz M., Howard K. I., Bennett E. S., « The altering of reported experiences », *J. Am. Acad. Child Adolesc. Psychiatry*, 2000, 39, 6, p. 735-742.

de répondre à un questionnaire d'une cinquantaine de points permettant de décrire leur monde actuel : êtes-vous croyant ? Êtes-vous populaire auprès de vos camarades ? Quelle est votre principale aspiration ? De quoi souffrez-vous le plus ?

Trente-quatre ans plus tard, ce psychiatre retrouve soixante-quatre personnes sur les soixante-dix-sept interrogées et leur pose à nouveau les mêmes questions.

Êtes-vous malheureux à l'école ? À 14 ans, 28 % disent qu'ils souffrent. Mais, à 48 ans, ils sont 58 % à se rappeler leur souffrance.

Êtes-vous populaire ? 25 % des adolescents estiment qu'ils sont appréciés alors que, devenus adultes, 50 % se rappellent à quel point ils étaient aimés.

Que ressentez-vous après un châtiment corporel ? Cela se pratiquait à l'école à cette époque : un coup de règle sur le bout des doigts et, hop, ça nous faisait comprendre le théorème de Pythagore ! 82 % des adolescents affirment qu'ils étaient humiliés, mais, à l'âge adulte, ils ne sont plus que 33 % à dire qu'ils en ont souffert.

La suite de leur histoire a remanié la représentation de leur passé. Quand on pense à son passé et qu'on retrouve des amis de jeunesse, on éprouve un sentiment d'amitié pour des camarades de classe à qui on parlait à peine. Quand on a dû accepter un travail à l'usine ou à la mine, où chaque geste était une torture, on relativise les châtiments corporels de l'école. Souvent même quand on est heureux, on explique son bonheur actuel par les bons souvenirs passés : « Ces châtiments corporels m'ont rendu fort, je les ai surmontés. » Si on est malheureux à 50 ans, on établit un même rapport de causalité en l'inversant : « Ces châtiments corporels m'ont détruit. »

Le sentiment associé au souvenir peut varier : « J'avais honte quand ma mère venait me chercher à l'école avec son tablier toujours mouillé », dit cet adulte. « Aujourd'hui, j'ai honte d'avoir eu honte, car elle travaillait durement pour payer mes études. » Le simple déroulement de l'histoire remanie la représentation du passé.

Nous ne sommes pas sensibles à tous les objets et événements qui nous entourent. Si nous devions traiter toutes les informations, rien ne prendrait forme, nous serions confus. Pour avoir des idées claires, nous devons oublier[6]. Pour nous représenter notre passé de manière indubitable, il ne nous faut mettre en lumière que les souvenirs qui correspondent à l'état où nous sommes quand nous faisons l'effort de les rappeler.

Le passé devient cohérent grâce à nos oublis et à nos remaniements affectifs. Quand le monde est clair, nous devenons capables de décider quels rêves nous avons toujours souhaité réaliser quand nous étions enfants. Nous pouvons même nous indigner des blessures passées que nous avions crues indolores.

---

6. Tadié J.-Y., Tadié M., *Le Sens de la mémoire*, Paris, Gallimard, 1999.

Le vin du souvenir

C'est à partir du présent que « nous nous enivrons du vin du souvenir et du passé restauré[7] », écrit Charles Baudelaire, grand expert en mémoire.

La mémoire traumatique est composée d'un assemblage d'images précises, entourées d'un halo de mots et de sentiments incertains que nous devons remanier pour ne pas déprimer. C'est dans cette zone en reconstruction que la créativité nous donne un outil de résilience. Quand tout est trop clair, nous sommes soumis à la répétition, nous ne pouvons que réciter. C'est dans l'étonnement que nous éprouvons le plaisir d'élucider. La partie lumineuse nous apporte des archives vérifiables, tandis que la zone d'ombre nous invite à la créativité.

Aussi loin que remontait ma mémoire, je savais que j'avais toujours voulu devenir psychiatre. On s'étonnait, on me disait que c'était un faux souvenir puisque, après guerre, personne ne parlait de psychiatrie. En 1970, devenu psychiatre, j'ai fouillé par hasard, dans une malle entreposée dans le grenier de la maison que Dora et Adolphe venaient d'acheter à Sannois. J'y ai retrouvé un paquet de « rédactions », comme on disait à l'époque. L'enseignant demandait : « Que voulez-vous faire quand vous serez adulte ? » J'ai lu avec surprise que je voulais devenir psychiatre pour

---

7. Baudelaire C., *Les Fleurs du mal*, 1857, Paris, Gallimard, « Folio », 2004.

comprendre l'âme des êtres humains. J'avais 11 ans. J'ai un souvenir clair du jour où, à l'âge de 10 ans, j'ai voulu devenir écrivain parce qu'un instituteur m'avait complimenté. Je me rappelle même la phrase de la rédaction qui avait provoqué son éloge : « Il sautait par-dessus les flaques gelées, les mains dans les poches de son pardessus trop grand pour lui. » Je voulais devenir psychiatre à l'âge de 11 ans, je n'ai eu la preuve de ce désir que vingt ans plus tard.

Ce qui rassemble et coordonne les morceaux vrais de ma chimère, c'est le sens qu'aujourd'hui je donne aux événements passés. La narration permet ce travail d'harmonisation de mes souvenirs et oriente le galop de ma chimère. Sans elle, chaque morceau de vérité irait dans sa propre direction et rien ne prendrait sens. Je ne pourrais pas savoir qui je suis, ce que j'aime et à quoi j'aspire.

Après la guerre, je vivais dans une assemblée de bavards cacophoniques, certains tonitruants racontaient leur résistance, d'autres chuchotaient des allusions aux « tribunaux d'épuration », j'entendais des mots doux, amers, humiliants ou réconfortants qui parlaient de la guerre, de la joie retrouvée et du courage des Français qui reconstruisaient le pays. Le cinéma, chaque semaine, était l'occasion d'un événement extraordinaire. On s'habillait comme un dimanche, on y allait en famille ou en groupe, on écoutait les jeunes chanteurs qui tentaient leur chance avant le film, on sortait à l'entracte, on mangeait des glaces, le cinéma était une fête.

Je me souviens des ouvriers qui, porte de Clignancourt, dormaient dans des cabanes, sortaient le matin en marchant sur des planches pour éviter la boue et allaient au travail en chemise blanche et cravate, impeccables !

La CGT demandait aux employés de faire des heures supplémentaires et aux ouvriers de travailler le samedi et le dimanche pour rétablir le réseau électrique, gratuitement bien sûr, puisque l'État ne pouvait pas payer.

Dans cet enthousiasme quotidien de pauvreté, d'entraide, de débrouillardise et de gaieté, je n'avais pas la parole. Trop petit. Ce que je racontais parfois, une phrase de-ci, une phrase de-là, provoquait le lourd silence de ceux qui m'entouraient. Ça ne durait pas longtemps, la vie reprenait, je n'avais gâché que quelques minutes de leur bonheur retrouvé.

Pas facile d'attribuer un sens à ce qui m'était arrivé quand le parlement des bavards qui m'entouraient évitait d'aborder ce problème[8]. Quand il y a autant de récits que de personnes, la machine à produire du sens devient cacophonique. Sans narration, il n'y a pas de sens, mais quand il y a trop de récits notre chimère ne sait pas vers quoi elle doit galoper. Un récit finit par s'imposer, une vérité s'installe comme s'il y avait eu un destin inexorable : c'est un mythe.

L'expérience collective de la guerre a été éprouvante, humiliante, étouffante. Personne n'a compris ce qui s'était passé. Certains ont choisi la collaboration.

---

8. Thompson S. C., Janigian A. S., « Life schemes : A framework for understanding the search of meaning », *Journal of Social and Clinical Psychology*, 1988, 7, p. 260-280.

Ils ont d'abord joui de leur puissance et de leur richesse. Les fêtes élégantes étaient quotidiennes dans les restaurants du marché noir, dans les théâtres, les mairies et les Kommandantur. L'humour de ces vainqueurs consistait à écraser, à faire rire de l'humiliation qu'ils infligeaient aux Nègres, aux Juifs, aux pauvres. On riait beaucoup entre surhommes.

Pendant ce temps, un grand nombre de résistants découvraient la torture et la solidarité pour affronter l'ennemi.

L'absence de récit, tout autant que la cacophonie, empêche la représentation de soi qui donne sens à l'existence. Pendant les années d'après guerre, je n'ai eu le choix qu'entre l'hébétude et le charivari.

Le passé restauré

Par bonheur, deux tuteurs de résilience se sont disposés autour de moi : la rencontre entre Dora et Émile et le mythe communiste.

Quand Dora m'a présenté Émile, il est resté debout près de la porte parce que la pièce était trop petite pour y mettre plusieurs chaises. Pourquoi ai-je été d'emblée charmé par sa force et sa gentillesse ? En fait, je dirais aujourd'hui que son apparence touchait en moi ce que j'espérais : la force et la gentillesse. Émile révélait ce que j'espérais devenir un jour, quand je serai grand. Peut-être est-ce ainsi que s'exprime l'œdipe « quand il dramatise l'identification à un adulte de même sexe, avec sa configuration affective qui révèle le rêve de soi auquel on aspire[9] ». Je n'ai pas éprouvé la même émotion quand Dora m'a présenté ses amis, le Corse danseur acrobatique ou Maurice, le Fred Astaire de Montmartre. Je les ai trouvés sympathiques, gais et admirables danseurs. Le Corse me conseillait de devenir militaire : « Tu verras le monde, me disait-il, et tu seras bien habillé. » Ça ne me parlait pas. Je les aimais bien tous les deux, mais leur chemin n'était pas le mien.

En me présentant Émile, Dora a dit : « Nous allons vivre ensemble. Émile est scientifique et il joue au rugby. » Je ne savais pas ce qu'étaient la science et le rugby, mais je l'ai adopté tout de suite.

Il s'est passé alors un phénomène étrange. Pendant les quelques mois où Dora et Émile cherchaient un logement plus grand, je suis devenu excellent élève, comme si mon monde intime, soudain, s'éclairait.

On m'avait inscrit à l'école de la rue Turgot, celle où j'avais été minable. Les deux années qui ont suivi cet échec n'avaient cessé de répéter les déchirures administratives qui m'attribuaient alternativement à Margot ou à Dora. Ces brisures répétées entre les institutions bordelaises et les retours parisiens avaient empêché toute scolarisation et tout tissage de lien.

Dès l'instant (je dis bien « l'instant ») où j'ai su que Dora la belle danseuse allait vivre avec Émile le costaud scientifique, l'école est devenue un lieu de

bonheur[10]. Je me rappelle le visage et le nom de mes
petits copains, je me souviens des instituteurs qui nous
parlaient gentiment, j'ai même gardé en mémoire
les merveilleuses récréations avec les jeux de billes, les
courses de « gendarmes et aux voleurs », et surtout
les scénarios que j'inventais et que je faisais jouer à
mes copains de classe.

Dès cet instant, je n'ai été que premier. On m'a
fait sauter une classe pour préparer l'examen d'entrée
au lycée qui, en 1948, était réservé à une minuscule
minorité. Mancheron, un copain d'école, m'a récemment fait découvrir que, sur une classe de quarante-
quatre enfants, nous avions été seulement trois à entrer
au lycée.

La rapidité de cette métamorphose intellectuelle
m'étonne encore aujourd'hui. Probablement, c'est la
rencontre entre deux phénomènes qui l'a rendue possible :

– acquisition au fond de moi de la sérénité affective offerte par Dora et Émile ;

– quelques événements qui ont séduit les enseignants.

Ma vie mentale s'était arrêtée à l'âge de 2 ans
quand ma mère s'est retrouvée seule, après l'engagement de mon père dans l'armée française et angoissée
par l'imminence de son arrestation. Puis ont suivi pour
moi quelques années de traque, de côtoiement de la

---

10. Témoignage fréquent chez les enfants cachés juifs, rwandais ou enfants de
républicains espagnols qui s'étonnent de leur soudain réveil intellectuel. Débiles
quand le chaos détruisait leur milieu, la vivacité intellectuelle a réapparu dès
qu'une sécurité affective les a entourés.

mort et d'isolement sensoriel. Les brisures affectives, sans cesse répétées, l'interdiction de sortir ou d'aller à l'école, le sentiment d'être un monstre ont rendu impossible le moindre développement. Je n'ai pas souffert pendant ces agressions puisque mon âme était gelée. On ne ressent rien quand on est en « agonie psychique[11] », on respire un peu, c'est tout.

« Ce qui caractérise cette époque, c'est avant tout son absence de repères. Les souvenirs sont des morceaux de vie arrachés au vide, nulle amarre… il n'y avait ni commencement ni fin. Il n'y avait plus de passé et, pendant très longtemps, il n'y a pas eu non plus d'avenir, simplement ça durait… Les choses ou les lieux n'avaient pas de nom ; les gens n'avaient pas de visage[12]. »

Joseph Bialot, adolescent survivant d'Auschwitz fait le même constat : « Il n'y a rien à comprendre dans un monde incompréhensible où n'existe qu'une loi, la matraque, une sanction, la mort, un raisonnement, la déraison[13]. » Quand le réel est fou, comment voulez-vous que s'organise le monde mental d'un enfant ? Pour structurer une âme, il faut un rêve, un projet pour comprendre et réparer les ruines.

Il a suffi que l'existence dispose autour de moi un substitut affectif, une belle danseuse et un costaud scientifique pour que la vie revienne en moi comme une bouffée de bonheur. Je vivais, j'étais plus fort que

11. Ferenczi S., *Le Traumatisme*, Paris, Payot, « Petite Bibliothèque Payot », 2006.
12. Perec G., *W ou le Souvenir d'enfance*, Paris, Denoël, 1975 ; Paris, Gallimard, « L'Imaginaire », 1993.
13. Bialot J., *Votre fumée montera vers le ciel*, *op. cit.*, p. 166.

la mort, j'avais feinté l'armée allemande, j'avais retrouvé
une nouvelle famille et à l'école j'inventais sans cesse
des scénarios d'animaux, d'Indiens et de cow-boys qui
me permettaient d'être entouré par une foule de petits
candidats comédiens parmi lesquels je choisissais celui
qui ferait le cheval indomptable, l'Indien rusé ou le
méchant cow-boy.

Une cascade de bonheurs !

Les récréations devenaient trop courtes pour mes
mises en scène. C'est pourtant là que sont survenus
quelques minuscules événements qui ont orienté ma
nouvelle façon de vivre.

Je crois qu'il s'appelait Hugues, ou un truc
comme ça, c'est presque trop beau quand on joue aux
Indiens ! Je lui avais raconté ma fierté d'avoir une marraine, une deuxième mère danseuse, il m'avait écouté
avec gravité, puis nous avions entamé une partie de
billes où le lanceur devait se mettre à trois mètres, la
distance la plus difficile. Pendant que je me préparais
à lancer mes billes, je l'ai vu bavarder avec celui qui
exposait une belle agate[14]. Les deux compères se murmuraient des choses à l'oreille, et me regardaient en
pouffant de rire. J'ai compris qu'ils étaient en train
de médire de Dora. L'agate que je tenais à la main
l'a atteint en plein crâne. Je peux vous assurer qu'il
s'est arrêté de parler. J'ai été fier de la précision de
mon tir, mais cet incident a confirmé, encore une fois,
à quel point le silence était protecteur. Quand vous
lancez une idée en l'air, vous ne savez pas comment
elle va retomber, vous ne savez pas ce que l'auditeur

---

14. Bille en verre marbré imitant une pierre précieuse dont on fait les camées.

va en faire. Va-t-il l'utiliser pour se moquer de vous, pour vous rabaisser ou pour vous faire arrêter par la Gestapo ? Ce qui était pour moi une beauté et un bonheur devenait pour lui une arme pour m'humilier.

Même en temps de paix, on ne peut pas tout dire. Je poursuivais le processus mental qui, beaucoup plus tard, m'a amené à penser : « J'admire les silencieux. Ceux qui savent se taire sont protégés, invulnérables. » Tous les blessés de l'âme éprouvent l'effet protecteur du silence. Il leur faudra longtemps pour découvrir que cette légitime défense crée une relation particulière. Quand on revient d'outre-monde, les souvenirs et les mots ont acquis une signification difficile à partager. Qui va comprendre l'euphorie qu'on éprouve quand on est arrêté par la Gestapo après plusieurs mois d'isolement ? Qui va comprendre que les coups ne sont pas des traumatismes ? Ils font mal sur le coup, mais quand ils n'ont pas de signification ils ne font pas mal affectivement. Qui va comprendre qu'une danseuse peut être belle, gaie et parfaitement morale ? Les après-guerres sont des révolutions culturelles où tout est à repenser. De nouvelles valeurs surgissaient, mais la pensée paresseuse nous invitait à nous soumettre aux récitations d'avant guerre. Le mariage à cette époque servait à faire du social, de la protection mutuelle, et non pas du sentiment amoureux. Les danseuses étaient des femmes hors culture, comme l'ont été avant elles les comédiens et les romanciers.

Un traumatisé ne choisit pas le silence. C'est son contexte qui le fait taire. Quand on revient d'outre-monde, « en quelle langue, avec quels mots, l'expérience pourra se dire [...], le silence dans toutes ses formes, mutisme intermittent, refus d'un retour [...] arrêt de tout langage, offre au survivant la seule réponse[15] ». Quand rien de ce qu'on dit n'est entendu, quand tous les mots sont déformés, comment voulez-vous ne pas vous taire ? Votre personnalité se clive en une partie socialisable et soudain, un mutisme où vous vous sentez en sécurité dans votre silence, emmuré à l'abri. L'auditeur désorienté éprouve une étrangeté qu'il a provoquée lui-même et qu'il vous attribue puisqu'il voit bien que c'est vous qui vous taisez avec une soudaineté qui attire l'attention : « Je suis revenue d'entre les morts et j'ai cru que cela me donnait le droit de parler, mais quand je me suis retrouvée en face des autres, je n'ai rien eu à leur dire parce que j'avais appris là-bas qu'on ne peut pas parler aux autres[16]. »

Le droit de parler

Pendant la guerre, on fait secret pour ne pas mourir. Après la guerre, on continue de se taire pour ne partager avec les autres que ce qu'ils sont capables d'entendre. Elle est curieuse cette culture qui reproche aux blessés de ne pas avoir parlé, alors que c'est elle qui les a fait taire.

15. Patsalides-Hofmann B., « Traversées de silences », *Mémoires*, 2012, mars, n° 55, p. 9.
16. Delbo C., *Auschwitz et après,* tome 2 : *Une connaissance inutile,* Paris, Minuit, 1970, et tome 3 : *Mesure de nos jours*, Paris, Minuit, 1971.

Quand j'inventais des scénarios d'Indiens qui feintaient l'armée des cow-boys, j'avais remarqué, parmi mes spectateurs, un instituteur intéressé qui se tenait au premier rang, attentif et amusé par les péripéties du scénario. Je voyais bien qu'à la fin de la récré-spectacle il commentait mes mises en scène avec ses collègues.

Un jour, en arrivant à l'école, je découvre que j'ai complètement oublié d'apprendre ma leçon. Je fonce m'excuser auprès de l'institutrice, en lui disant que je n'avais pas eu le temps de l'apprendre, parce que j'avais joué toute la journée avec Émile. Éclat de rire de la salle, réponse impartiale de l'enseignante qui dit que son stylo pointé au hasard sur la feuille de présence désignera l'élève à interroger. Pendant la récré, pas question de renoncer à la mise en scène que j'avais programmée. Mes petits comédiens attendaient, ainsi que l'enseignant, spectateur du premier rang.

Par bonheur, la salle de classe était au deuxième étage et la foule des élèves montait lentement. J'ai donc eu le temps d'apprendre la leçon. Le stylo de l'institutrice m'a désigné par hasard mais, comme je venais de lire la récitation, j'ai obtenu un dix sur dix. « Je croyais que tu n'avais pas appris ta leçon », m'a-t-elle dit. « Je l'ai apprise en montant les escaliers », ai-je répondu. J'ai remarqué le haussement de ses sourcils et son hochement de tête admiratif.

Quelque temps après, le directeur et cette enseignante m'ont appelé pour me dire que quelqu'un m'accompagnerait le jour de l'examen d'entrée au lycée.

Nous fûmes trois reçus. Les autres enfants continueraient jusqu'au certificat d'études et, tout de suite après, iraient travailler dans les champs, à l'usine ou en apprentissage, dès l'âge de 13 ans.

Il y a dans ma mémoire un enchaînement à peine visible d'événements à peine dits qui pourtant, j'en suis persuadé, m'ont permis d'accéder au lycée Jacques-Decour. J'étais plutôt bon élève, metteur en scène prolifique, je parlais facilement, sauf[17]...

Si j'avais été un enfant sage à l'école, vivant dans une famille stable, l'institutrice n'aurait pas eu à m'accompagner le jour de l'examen. J'aurais suivi le courant qui m'aurait orienté vers le lycée ou vers l'usine. Un enfant sage est transparent, il se laisse emporter. « Mon » trauma, même non dit, m'avait personnalisé ! Par bonheur, cette blessure identitaire, qui m'empêchait de savoir qui j'étais, avait provoqué un surinvestissement imaginaire où je me construisais. Je ne savais pas ce que c'était qu'être juif. Est-ce visible ? Est-ce invisible ? Je ne savais pas de qui j'étais né. Logiquement, mes parents étaient juifs puisqu'ils ont disparu à Auschwitz. Quelle inquiétante preuve ! Comment fait-on pour être juif ?

Dans une telle histoire, l'affirmation de soi est angoissante puisqu'il s'agit de... déclarer qu'on est... quelque chose qu'on ne sait pas... Par bonheur le clivage m'avait donné une possibilité de double pensée, un sentiment de double appartenance[18]. J'appartenais

---

17. Georges Perec est le champion des points de suspension. Chaque fois que cet auteur arrive à une mémoire impossible, il écrit (...).
18. Zajde N., *Les Enfants cachés en France*, Paris, Odile Jacob, 2012.

aux gens auxquels je m'attachais : Dora la danseuse et Émile le scientifique. Cet étayage me cadrait, me soutenait par l'extérieur. Je percevais amicalement les copains d'école, les enseignants qui m'estimaient et les voisins qui me faisaient raconter la guerre pour rigoler un peu. Mais j'organisais ma pensée autour d'un double monde : l'un partageable où je racontais des histoires qui amusaient l'entourage, et l'autre intense qui ne sortait pas de ma crypte. Dora disait en riant que mon talent oratoire ferait de moi un concierge ou un avocat. Mes camarades d'école jouaient les comédies que j'inventais, et les enseignants spectateurs applaudissaient en souriant.

Je croyais que raconter des histoires me permettrait de ne pas raconter mon histoire. J'espérais me cacher derrière ce que j'inventais, alors qu'en fait je mettais en scène ce que je ne pouvais dire.

Devinez à qui je pensais quand j'inventais le rôle d'un Indien qui échappe aux poursuites des cow-boys qui veulent le tuer. Pourquoi imaginer des filles merveilleuses qui protègent cet Indien ? Pour quelle raison s'appellent-elles Margaret ?

D'autres représentations de mon monde intime ne pouvaient pas être partagées. Le soir, en m'endormant, je cherchais à retrouver le rêve de la nuit précédente : je me voyais dans la forêt, me cachant au fond d'un grand terrier plein de lumière, où je n'avais pour compagnons que quelques animaux. Eux, du moins, ne voulaient pas ma mort, ils ne me jugeaient pas et ne se moquaient pas de moi. Nous échangions nos affections sans avoir à se justifier. On s'aimait, voilà tout. On était bien ensemble, comme ça.

La vérité narrative n'est pas la vérité historique, elle est le remaniement qui rend l'existence supportable. Quand le réel est fou, c'est un arrangement avec sa mémoire qui le rend cohérent. Certaines histoires que j'inventais afin d'exprimer mon monde intime donnaient aux adultes une impression curieuse : « Où va-t-il chercher tout ça ? », disaient-ils en souriant. J'aimais qu'ils s'émerveillent de mon imagination, mais j'étais hébété quand je voyais sur leur visage un doute se marquer. Leurs réactions muettes participaient à la construction de mon récit.

Voilà pourquoi le récit arrangé de ce qui m'était arrivé était plus cohérent que la vérité des faits : les escaliers que j'avais dégringolés pour m'enfuir étaient plus petits que ceux du *Cuirassé Potemkine* ; l'ambulance dans laquelle j'avais plongé pour me cacher était une simple camionnette ; l'officier allemand qui avait donné l'autorisation de partir n'avait manifesté que de la haine pour la dame qui mourait sur moi.

Ça m'arrangeait que mon entourage me fasse taire, ça facilitait mon déni, ça m'aidait à réaliser la stratégie d'existence conseillée à Madame Loth : « En avant... en avant... ne te retourne pas sur ton passé. »

Ce sauve-qui-peut psychologique me permettait de ne pas souffrir, mais il donnait à mon entourage une curieuse image de moi. Souvent gai, actif et inventif, soudain je devenais sombre, renfermé et parfois coléreux : j'étais double !

Aucune histoire n'est innocente. Raconter, c'est se mettre en danger. Se taire, c'est s'isoler.

Épreuves muettes et récits collectifs

Grâce au détour des récits, je parvenais à prendre place parmi les autres. Certaines anecdotes lumineuses qui intéressaient les adultes me permettaient de mettre à l'ombre ce que je ne pouvais dire. Je parlais de la guerre en la mettant en scène gaiement. Je racontais la gloire de mon père, blessé à Soissons, quand il avait bloqué, à lui seul, l'avancée de l'armée allemande. Je détaillais le courage de ma mère quand elle avait rendu les bonbons au soldat, en l'insultant en allemand. Le récit de mon épopée familiale me permettait de ne pas dire ce que vous étiez incapable d'entendre. C'est votre incrédulité qui avait installé dans mon âme la crypte silencieuse qui troublait notre relation.

Dans ces ordalies intimes, j'avais besoin de me prouver qu'il était toujours possible de ne pas capituler devant la mort. On peut lui échapper, en grimpant sur des parois lisses, en s'empêchant d'éternuer, en plongeant dans les tourbillons de l'entrée du port de Capbreton, en se laissant tomber de l'extrémité des branches. Ce n'était pas une érotisation du risque, un flirt avec la mort. C'était plutôt la construction de la preuve qu'il est possible de gagner sa liberté. Argument préverbal, c'est un scénario comportemental qui avait la charge de me dire : « Voilà comment il faut faire pour dominer le malheur. »

Le malheur, je le ressentais. Le sentiment de mériter la mort pour un crime que j'allais commettre, les brisures affectives incessantes avaient laissé dans ma mémoire une représentation de soi altérée. Je la combattais grâce à ces ordalies intimes qui devaient paraître stupides à un adulte équilibré.

Après la guerre, j'ai gardé l'habitude de ces mises à l'épreuve secrètes. Quand Dora a abandonné la danse pour devenir commerçante, je l'accompagnais souvent faire les marchés de Creil, d'Argenteuil ou de Châteaudun, prenant ainsi au lycée un retard considérable. Je me lançais alors le défi d'apprendre en une nuit ce qui avait été enseigné pendant la semaine. J'aimais les efforts coûteux qui me permettaient d'arracher des bonnes notes[19], malgré le handicap des absences. Cet entraînement à affronter les épreuves m'a donné un courage morbide qui, plus tard, m'a permis de faire des études de médecine dans des conditions matérielles vraiment pas raisonnables. Dora ne s'étonnait pas de mes comportements étranges. Elle ne demandait aucune explication. C'était comme ça.

La fin de la guerre n'a pas amené la paix. Le contexte culturel, les actualités filmées, le cinéma, les romans, les bavardages préféraient raconter la joie des retrouvailles de deux millions de prisonniers qui rentraient enfin chez eux. Les quelques milliers de revenants des camps déambulaient comme des fantômes[20]. On voyait le malheur qui les habitait, dont ils ne disaient rien. Dans les familles endeuillées, on supportait mal les récits d'horreur qui gâchaient les soirées et empoisonnaient le retour de la vie. Les seuls récits

---

19. (Pas toujours.)
20. Deux cent mille revenants pour toute l'Europe.

encouragés étaient ceux d'une France résistante pendant la guerre et laborieuse en temps de paix. Il fallait taire l'horreur et mettre en scène le courage.

Les résistants survivants ne parlaient pas beaucoup non plus. Restés unis après la guerre, ils ont constitué des groupes amicaux, presque familiaux en devenant parrains de leurs enfants, en s'entraidant, en militant, ou en partant en vacances ensemble.

Un frère de ma mère, mon oncle Jacques, s'est engagé dans les FTP[21] à l'âge de 18 ans. Quand j'ai fait sa connaissance, il m'a paru adolescent et j'ai trouvé normal qu'il ait combattu le nazisme. Mon père l'avait bien fait en s'engageant dans l'armée. On ne parlait pas de la Shoah[22] à cette époque, on ne parlait pas de génocide non plus, on ne parlait que de la France combattante et de sa reconstruction. Les récits collectifs chantaient les louanges de De Gaulle, de Leclerc, de la Résistance communiste et même des petites gens qui avaient résisté en cachette. Ces discours, en racontant une grande part de vérité, permettaient d'y associer ceux qui n'avaient pas combattu. Je me souviens d'un film que tout le monde adorait : *Le Père tranquille*[23]. Un gentil comédien qui n'avait rien d'un

---

21. FTP-MOI : Francs-tireurs partisans-Main-d'œuvre immigrée. Beaucoup de Juifs communistes d'Europe centrale et d'Arméniens ont lutté ensemble. Leurs attentats contre le matériel militaire et les officiers supérieurs étaient une résistance armée et non pas un terrorisme contre des innocents. Le groupe Manouchian est le plus illustre.

22. C'est en 1985 que le film de Claude Lanzmann a proposé ce mot hébreu pour désigner l'assassinat de masse des Juifs d'Europe. Il s'agit d'un document de neuf heures quinze minutes qui rompt avec les modes de représentation utilisés jusque-là.

23. *Le Père tranquille*, film de René Clément, 1946.

héros, et qui s'appelait Noël-Noël, incarnait un petit fonctionnaire que tout le monde croyait planqué. Eh bien, détrompez-vous, affirmait la fiction, tout le monde a résisté, même les timides, même les anti-héros. Cette aimable représentation provoquait beaucoup de bavardages. Chacun apportait un témoignage analogue : on avait connu un facteur que l'on croyait collaborateur et qui en fait avait procuré des armes aux résistants ; tout le monde citait un paysan qui avait caché un parachutiste ; un employé de mairie qui avait fabriqué de fausses cartes d'identité. C'était souvent vrai. Les bavardages provoqués par le film redoraient l'image de la France, vaincue et collaboratrice.

Des Juifs, on n'en parlait pas. Il y en avait très peu (deux cent quarante mille en 1945), ils se sont faits complices de ces récits collectifs. « La volonté des Juifs de ne pas se singulariser de la nation française a empêché la prise de conscience de la Shoah[24]. » Et pourtant, les Juifs ont été nombreux à passer en Espagne pour s'enrôler dans les Forces françaises libres : « J'attendais l'Église, a dit de Gaulle, j'ai vu arriver la Synagogue. » Les Éclaireurs israélites ont constitué les maquis de Toulouse et du Tarn. Dans le régiment des Volontaires étrangers de l'armée française, où a combattu mon père, il n'y avait que des républicains espagnols et des Juifs d'Europe centrale. Au Proche-Orient, quarante mille Juifs palestiniens (qui n'étaient pas encore israéliens) se sont engagés dans l'armée française du général Koenig et ont joué

---

24. Bensoussan G., Dreyfus J.-M., Husson E., Kotek J. (dir.), *Dictionnaire de la Shoah*, Paris, Larousse, 2009, p. 229.

un si grand rôle dans la défaite des armées allemandes de Rommel à Bir Hakeim que le général les a invités à défiler au côté du drapeau français.

En fait, un grand nombre de Juifs en âge de combattre se sont engagés contre le nazisme[25]. Mais ce qui est entré dans la mémoire collective, ce sont les rafles, avec leurs images de colonnes d'hommes, de femmes et d'enfants désemparés, entassés dans des wagons les menant aux fours et aux charniers.

Les Juifs ont combattu en tant que Français, alors qu'ils ont été raflés en tant que Juifs. Tout est vrai, dans les deux cas, mais la chimère collective n'a mis en images que ceux qui « se sont laissé conduire à l'abattoir comme des moutons ».

Élisabeth de Fontenay[26], Claude Lévi-Strauss et Marguerite Yourcenar voulaient simplement dire que, pour celui dont la vision du monde est hiérarchisée, ce n'est pas un crime d'abattre un Juif comme on tue un mouton. On peut les écraser sans honte ni culpabilité puisque ce ne sont pas des êtres humains. L'image des moutons conduits à l'abattoir n'est pas fausse, mais elle ne parle que des rafles et non pas des combats. Les récits collectifs s'emparent d'une vérité partielle pour la généraliser abusivement à l'ensemble du peuple juif. Ce qui est partiellement vrai devient totalement faux. C'est ainsi que galopent les chimères collectives.

---

25. *Les Juifs ont résisté en France. 1940-1945*, Colloque d'historiens et de témoins, AACCE, 14, rue Paradis, Paris, 2009.
26. Fontenay E. de, *Actes de naissance. Entretiens avec Stéphane Bou*, Paris, Seuil, 2011.

Les revenants, eux aussi, se sont faits complices du silence. Quand ils sont revenus libres en France, ils n'avaient rien à se dire et ceux qui ont retrouvé quelques restes de leur famille « se sont assis à une table où il y avait plus de morts que de vivants[27] ». Les *dibbouks*[28] de la Kabbale ont habité les maisons où tout le monde pensait aux disparus sans pouvoir en parler.

Au cinéma, on allait voir sur les écrans les problèmes de la cité. Les ouvriers organisaient leurs luttes sociales, dans les cités minières les hommes, héroïsés par leur famille, mouraient d'un seul coup de grisou… on les admirait, on pleurait. Les cheminots dans *La Bataille du rail*[29] sabotaient les installations allemandes, et les bourgeois avec leurs manières ridicules exploitaient le bon peuple. Le cinéma de l'après-guerre assumait la fonction démocratique du théâtre dans la Grèce ancienne. Nous devions y aller, afin de voir sur l'écran les scènes de la vie quotidienne qu'il nous fallait commenter. Ces rendez-vous constituaient de merveilleux événements. Une forte sonnette annonçait aux gens du quartier que la séance allait commencer. On se précipitait, on assistait d'abord à un petit concert d'orgue au Gaumont Palace, ou à un récital de chansons au Marcadet. À l'entracte, des vendeuses passaient dans les rangs en demandant de « demander des esquimaux ». Puis la lumière s'éteignait, la magie commen-

---

27. Zajde N., *Guérir de la Shoah*, Paris, Odile Jacob, 2005.
28. Le *dibbouk* est une entité ashkénaze : c'est un mort qu'on empêche de rejoindre les morts. Alors, il « colle » à l'âme d'un proche à qui il demande de réparer ses fautes. Il est ni mort ni vivant : il est disparu.
29. *La Bataille du rail*, film de René Clément, 1946.

çait et nous rentrions chez nous pour discuter sans fin de nos problèmes et de nos conceptions de la société que les comédiens venaient d'incarner sur écran.

Paradoxalement, cette gaieté nécessaire faisait taire les survivants : « Henri est revenu à Paris, mais j'ai très vite cessé toute relation avec lui [...], toujours aux aguets, il n'arrivait pas à s'adapter à sa nouvelle condition [...]. J'ai revu Armand trois ou quatre fois [...], un garçon sympathique, mais nous n'avions plus rien à nous dire[30]. » Ce qui avait uni les hommes dans l'affrontement de l'horreur les séparait quand la paix était revenue. Aurait-on pu partager le souvenir des humiliations, des vêtements crasseux, des diarrhées incoercibles, des lâchetés inavouables ? On était soulagés en ne se voyant plus.

Est-ce la raison pour laquelle, depuis que je vivais à Paris avec Dora et Émile, j'éprouvais de plus en plus de peine à écrire à Margot ?

Quand la fiction dit le vrai

Dans un contexte de paix où les récits collectifs racontaient gaiement la bravoure face à l'occupant et l'ardeur au travail pour construire une société meilleure, les témoignages des survivants paraissaient obscènes. Alors, on se taisait... ce qui faisait notre affaire.

J'ai rencontré récemment quelques personnes qui avaient été des adolescents à Auschwitz. Ces jeunes

---

30. Bialot J., *Votre fumée montera vers le ciel*, *op. cit.*, p. 262.

survivants ont pensé : « Personne ne pourra nous croire, alors restons ensemble, marions-nous. » Ces mariages du désespoir au milieu de l'incompréhension de l'entourage ont réalisé des petits groupes affectifs où, en effet, ils se sont compris et ont formé des couples stables. Ils ont parlé librement du cauchemar passé... et leurs enfants leur reprochent de les avoir fait vivre dans l'horreur de ce qui leur était arrivé !

Il fallait se taire pour ne plus vivre dans la honte et l'effroi, pour ne pas gâcher la fête du pays renaissant et pour ne pas transmettre notre monstruosité à ceux qu'on aimait. Cet énorme déni a enkysté au fond de notre âme une crypte où murmuraient les fantômes. Nous nous engagions dans nos relations avec une image étrange, souvent gaie, active et affirmée. Quand, soudain, une ombre altérait la relation : « Qu'est-ce qui lui prend ? Que cache-t-il ? Il a certainement quelque chose à se reprocher ! » Parler transmettait l'horreur, se taire diffusait l'angoisse : pas facile de vivre quand on est survivant.

Quand j'ai retrouvé ce qui restait de ma famille, j'étais survivant parmi des survivants. Comment voulez-vous qu'on parle clairement ?

Ceux qui étaient fiers de leur guerre côtoyaient ceux qui en souffraient encore, et pourtant les deux groupes tenaient un discours étrange. Ceux qui n'avaient rien à se reprocher, les honnêtes gens, les gaullistes et les communistes, auxquels appartenait Jacquot, avaient eux aussi une étrange manière de parler. Ils s'exprimaient clairement en public, mais leur discours à la maison restait distant, abstrait, philosophique ou politique, jamais intime ou affectif.

J'étais fier de la résistance de Jacques, mais je ne savais rien de ce qu'il avait fait au quotidien. Il racontait la grandeur du « parti des fusillés[31] », il militait avec ses anciens camarades de combat, ils s'aimaient, riaient et récitaient des slogans que j'approuvais, mais qui ne me disaient rien de leur vie de tous les jours. J'ai mis longtemps à comprendre que ce refuge dans la théorie était une manière de ne pas livrer leur intimité. Très lentement, j'ai appris comment Jacques avait dû s'engager physiquement dans le combat[32].

On parlait de la Shoah autour de moi, mais on en parlait au loin, jamais dans l'intimité. On commentait simplement ce qui était écrit sur la guerre. Les Allemands tenaient des archives, produisaient des films pour la propagande, envoyaient à leur famille des photos de vacances à Auschwitz et d'hommes décharnés qui les faisaient bien rire.

Les persécutés écrivaient sans cesse, prenaient des notes afin de préparer leurs futures mémoires et leurs témoignages. Certains carnets accumulaient les dates, les faits, les mots prononcés, le nom des exécuteurs et celui des victimes. Comment expliquer cette rage d'écrire ? Est-ce dû à la culture du peuple du Livre où l'injonction est faite de se souvenir et de témoigner ? Ces notes sont des analogues d'actes notariés : pas de poésie, pas de réflexion, juste les faits accumulés.

---

31. Les archives ont précisé le chiffre de onze mille fusillés.
32. Carasso J.-G., *Nous étions des enfants*, DVD, Comité « École de la rue Tlemcen », L'Oizeau rare, 2012.

On trouve aussi des écritures qui avaient pour enjeu de rendre l'horreur supportable. Les métaphores, en composant une image esthétisée, permettaient de maîtriser l'émotion et de dire le vrai sans gêner l'auditeur. Les réflexions politiques ou philosophiques, en intellectualisant le cauchemar, tentaient de comprendre comment des hommes avaient pu faire ça à d'autres hommes.

J'étais très politisé à l'âge de 11 ans. Je connaissais les théories, je prenais position, j'avais vu les charniers de Juifs aux actualités cinématographiques, mais j'ignorais les écritures qui témoignaient de la persécution. Je ne m'intéressais qu'aux films ou aux récits qui transformaient ces faits. Mon expérience intime demeurait au fond de moi. Je n'en parlais jamais, on ne me demandait rien, j'y pensais tout le temps.

L'écriture des témoins n'entrait pas dans la culture. Ceux qui avaient écrit en yiddish n'ont pas été traduits. Les textes russes, polonais ou hongrois ont été étouffés par les régimes communistes. De nombreux témoignages sont restés dans les tiroirs, ignorés par le public.

Le cinéma osait un peu mieux. J'ai été heureux d'entendre parler de *Nuit et Brouillard*[33]. Je craignais les images, mais j'avais l'impression que, grâce à ce film, le public reconnaissait la mort de mes parents et le massacre des Juifs : une oraison funèbre, en quelque sorte. J'avais 18 ans, cette année-là. Je n'avais pas remarqué que le mot « juif » n'était prononcé qu'une seule fois dans ce film. La simple évocation de

33. *Nuit et Brouillard*, film d'Alain Resnais, 1955.

génocide me suffisait, puisqu'en prononçant le mot on offrait une sépulture à mes parents.

Charlie Chaplin m'enchantait avec *Le Dictateur*[34] dont le scénario correspondait à mes fantasmes les plus fous, à l'époque où, enfant, je rêvais qu'un jour je ridiculiserais Hitler.

C'est *Le Journal d'Anne Frank*[35] qui m'a le plus apaisé. Il ne mettait en scène que ce qui était représentable : une gentille famille où l'on s'aime et se dispute en attendant les coups de poing de la Gestapo sur la porte. Rien à voir avec les charniers, ni avec Auschwitz ni avec les rafles. Le simple fait que des non-Juifs autour de moi parlent de l'émotion qu'ils avaient éprouvée au moment où ils comprenaient que la grande fille allait disparaître avec sa famille faisait naître en moi une gratitude muette. Il était donc possible de reconnaître notre mort ? Les œuvres d'art en invitant à parler de la tragédie offraient une pierre tombale à mes parents. Ils n'étaient pas totalement disparus puisqu'il était possible de parler de leur disparition. Je me sentais apaisé, rasséréné, heureux presque grâce à ces fictions qui mettaient en scène un moment de tragédie. Les romans, les films, les pièces de théâtre ne montraient que ce que la culture était capable d'accepter, mais cet accueil me procurait un étonnant sentiment : je n'étais plus un monstre ! J'étais comme tous ces gens qui, en commentant ces fictions autour de moi, m'entouraient de mots qui signifiaient : « Nous aurions réagi comme toi si un même malheur nous avait frappés. »

---

34. *Le Dictateur*, film de Charlie Chaplin, 1940 aux États-Unis ; 1945 en France.
35. *Le Journal d'Anne Frank*, film de George Stevens, 1959.

La littérature concentrationnaire ne m'apaisait
pas. Au contraire même, elle confirmait ma monstruosité. Personne ne supportait de lire ou d'entendre de
tels témoignages. C'est la fiction qui a mis du baume
sur mes blessures. Ce n'était pas une offense à la douleur puisque ce qui était mis en scène était une représentation supportable de la souffrance. Un imaginaire
partageable indiquait le lieu de la désolation, tout en
préservant la pudeur des blessés.

André Schwarz-Bart racontait comment on pouvait se défendre. Dans son roman *Le Dernier des
Justes*, il inventait l'histoire d'Ernie dont l'existence
fracassée se terminait dans une chambre à gaz :
« Loué. Auschwitz. Soit. Maïdanek. L'Éternel[36]… »
Son langage s'est disloqué quand il a écrit ça. Qu'une
histoire vraie soit présentée comme un roman permettait de maîtriser le bouleversement intérieur et de
communiquer l'émotion, sous la forme d'un bel événement partageable. Vous avez bien lu « bel événement ». Le lecteur ému et non pas brutalisé s'intéressait à un destin qui aurait pu être le sien ou le
mien. Quand le réel est fou, indécent, honteux à dire,
une fiction redonnait à Ernie sa place parmi les
hommes, et m'invitait avec lui à changer la représentation que je me faisais de mon enfance. Un document de justice aurait-il eu le même effet ? Un papier
timbré aurait-il bouleversé nos âmes ? C'est la fiction
qui a apprivoisé nos consciences et nous a aidés à
envisager l'impensable.

---

36. Schwarz-Bart A., *Le Dernier des Justes*, Paris, Seuil, 1959.

Est-ce vraiment la fiction ? Je n'en suis plus certain. J'avais mal lu le livre, je l'avais parcouru, mais j'étais heureux d'en entendre parler. À son propos, j'entendais des mots auparavant impossibles à prononcer. Grâce à eux, le massacre de ma famille, le saccage de mon enfance s'exprimaient doucement du bout des lèvres. Je ne me sentais plus seul, chassé de la culture.

On ne peut pas opposer une fiction où tout serait inventé au témoignage qui dirait la vérité. Je pense même que l'imagination est proche du souvenir. Quand je veux vous raconter ce qui m'est arrivé, je vais chercher dans mon passé l'épisode qui pourra participer « à l'édifice immense du souvenir[37] ». Le thème qui ouvre ce livre (l'arrestation, la traque, les brisures affectives répétées[38]) me sert d'étoile noire du Berger. C'est elle qui donne la direction, le sens qui organise la construction de ma mémoire. D'abord, je flotte un peu, essayant une image, une sensation ou un mot et, soudain, je trouve ! Une image apparaît qui donne forme à ce que j'attendais. Je peux alors la détailler, la mettre dans son contexte et trouver quelques mots pour la communiquer. Dans ce processus que je viens de détailler, il y a une forte intentionnalité de la mémoire[39]. Quand je suis obligé de me taire, quand je n'ai plus la force ni le désir de m'entendre avec vous, je peux encore vivre au présent

---

37. Proust M., *À l'ombre des jeunes filles en fleurs*, Paris, Gallimard, 1919.
38. Tiens ! Je n'ai pas osé écrire « mon arrestation, ma traque, mes brisures affectives » ! C'est tellement plus facile de parler de soi à la troisième personne. Ça tient l'émotion à distance.
39. Schacter D. L., « Constructive memory : Past and future », *Dialogues in Clinical Neuroscience*, 2012, vol. 14, n° 1, p. 7-18.

ou plutôt survivre dans une existence immédiate où rien ne prend sens.

En revanche, si j'ai envie de vivre avec vous, de partager les émotions provoquées par mes souvenirs, je vais en faire un récit que je vous destinerai. Là encore, il y a une intentionnalité : l'anticipation de mon passé va organiser le futur exposé de ma mémoire[40].

Quand j'imagine un roman, un film ou toute autre fiction, je vais chercher dans mon passé, en moi et autour de moi, quelques événements personnels ou relationnels, que je vais organiser afin de leur donner une forme artistique que je vais vous confier. Si mon talent correspond à ce que vous espérez, nous passerons ensemble un moment agréable et édifiant. À l'inverse, si j'assemble mal mes souvenirs ou si j'en fais une représentation qui ne vous convient pas, vous allez vous ennuyer et je serai déçu. Dans tous les cas, nous serons, vous et moi, les auteurs du plaisir ou de l'ennui que vous donnera ce livre.

Dans toute œuvre d'imagination, il y a un récit de soi. Dans toute autobiographie, il y a un remaniement imaginaire. La chimère nommée « Fiction » est sœur jumelle de « Récit de soi ». Je n'ai jamais menti, je m'y suis efforcé, j'ai simplement agencé des représentations du passé qui reste dans mes souvenirs afin d'en faire un être vivant, une représentation partageable.

---

40. Addis D. R., Pan L., Vu M. A., Laiser N., Schacter D. L., « Constructive episodic simulation of the future and the past : Distinct subsystems of a core brain network mediate imagining and remembering », *Neuropsychologia*, 2009, 47, 11, p. 2222-2258.

La beauté, la guerre et le chagrin

Je me suis longtemps demandé pourquoi j'ai moins souffert pendant la guerre que pendant la paix. Je n'ai pas perdu mon père puisque j'avais 2 ans quand il s'est engagé et que, ayant ma mère qui m'entourait, je ne pouvais pas encore prendre conscience de son manque. Quand ma mère a disparu après m'avoir placé à l'Assistance pour que je ne sois pas arrêté avec elle, je crois ne pas avoir souffert puisque ma vie mentale s'est éteinte. On ne souffre pas quand on est en coma. On ne souffre que si on vit. Je n'ai pas souffert de mon arrestation puisque je l'ai vécue comme un jour de fête quand la vie est revenue après de longs mois d'isolement. Je n'ai pas souffert de la traque puisque j'admirais les Justes qui m'entouraient et me sécurisaient. Je n'ai pas souffert des coups que l'on reçoit sans haine, comme ça, en passant, et qui ne font mal que sur le coup.

Quand la paix est revenue et que j'ai retrouvé les survivants de ma famille, j'ai souffert des décisions des juges qui me plaçaient alternativement chez Margot à Bordeaux et chez Dora à Paris. Chaque fois que je prenais le train, seul ou confié à un voyageur anonyme, je souffrais de la déchirure d'un lien qui commençait à se tisser. Chaque fois que je me retrouvais, pour quelques semaines ou quelques mois, dans une institution où les adultes n'adressaient pas la parole aux enfants, je me sentais abandonné. Je n'étais pas seul puisque j'avais autour de moi des petits copains qui colmataient la brèche, mais je me sentais tout de même abandonné car, pour la première fois de ma vie, on me proposait un lien que la société déchirait.

De 7 à 9 ans, j'ai fortement éprouvé la perte que je n'avais pas ressentie pendant la guerre. Interloqué, à chaque chagrin, je découvrais un étonnant plaisir : je me racontais mon histoire !

Avant l'âge de 7 ans, je n'avais pas la possibilité de faire un récit de moi. J'étais trop petit, je me développais comme je pouvais au gré des gens qui m'entouraient. N'ayant pas de représentation du temps, je ne pouvais construire une histoire.

Après l'âge de 7 ans, en pleine ruine affective, je découvrais l'étonnant plaisir de me raconter ce que je ne pouvais dire. Dès que j'étais seul, dès que j'avais un chagrin, je me racontais la gloire de mon père soldat, la beauté de ma mère courageuse, l'héroïsme du petit Boris arrêté et évadé, la noblesse des Gentils qu'on appelle aujourd'hui « les Justes », la victoire militaire de mon copain le lieutenant Pierre Saint-Picq libérant Bègles et la bataille de Castillon à laquelle j'avais courageusement participé en sonnant les cloches de l'église de Saint-Magne. Quel plaisir de me raconter cette épopée que je connaissais mieux que personne ! Quel désespoir de ne pas être un véritable être humain !

Dans mon monde intérieur, je me projetais le film de mon passé, je m'en étonnais, je le révisais, je le précisais et, plus je le répétais, plus je le déformais en le schématisant. J'avais besoin de cette crypte secrète et lumineuse, ce sépulcre souterrain où je me réfugiais lors des moments difficiles. Quand les souvenirs tristes envahissaient mon âme, j'en faisais un récit qui me soulageait : en me racontant ma tristesse, en me projetant le scénario de ce qui était la cause de mon désespoir, j'éprouvais le plaisir qu'on éprouve au cinéma quand on pleure avec le héros. Ce détour par le spectacle intérieur, où je me voyais souffrant et triomphant du malheur, atténuait mon chagrin. En cherchant les mots, en agençant les images, en composant des scénarios, je finissais par éprouver un sentiment de beauté. Vous vous rendez compte ? Je transformais en beauté la guerre et le chagrin !

L'impossibilité de témoigner me contraignait à la crypte[41]. Je n'étais pas assez fort pour en parler tranquillement. Peut-on parler paisiblement de ces choses ? La froideur administrative dans laquelle on m'avait précipité provoquait mon hostilité. J'avais la haine des dossiers où je devais exposer ma situation de famille. Quand je laissais les souvenirs envahir mon âme, j'éprouvais la pesanteur des débuts de tristesse. Et pourtant, quand je les remaniais pour m'offrir un spectacle intérieur, quand je les arrangeais pour imaginer ma chimère intime, je me sentais heureux. Ce qui provoquait mon bien-être, ce n'était pas le malheur passé, c'était la représentation de ce malheur maîtrisé.

Tous les blessés de l'âme n'ont pas réagi de la même manière. Certains sont restés en agonie psychique, prisonniers du passé, soumis aux images qui se répétaient en eux. D'autres se sont défendus par

---

41. Abraham N., Török M., *L'Écorce et le Noyau, op. cit.* Ce livre constitue la meilleure théorisation psychanalytique de la notion de « crypte ».

la haine, comme si la colère avait pu les protéger de la dépression. On se sent moins mal quand on agresse ceux auxquels on attribue la cause de ses malheurs.

« J'ai tellement aimé la culture allemande, me disait Frédéric. Nous récitions les poésies, nous commentions les philosophes, nous visitions les villages. Dans les orchestres familiaux, nous ne jouions que de la musique yiddish et allemande. Tous les hommes de ma famille ont combattu dans l'armée de ce pays pendant la Première Guerre mondiale. Quand un cousin nous a parlé du développement de l'antisémitisme, nous l'avons injurié, nous ne pouvions y croire. Après la nuit de Cristal[42], nous avons fui en France où quelques années plus tard, l'armée allemande nous a poursuivis et a détruit une grande partie de ma famille. Cinquante ans après, je ne supporte pas l'idée de voir défiler les jeunes soldats allemands sur les Champs-Élysées. Il n'est pas question que j'achète un seul produit allemand. D'ailleurs, j'ai oublié la langue. »

D'autres adultes, atteints par la rage de témoigner ont voulu simplement écrire la série incroyable des interdits et des vexations. Presque personne n'a lu la litanie des lois qui interdisaient aux Juifs d'être humains.

Une information qui se répète finit par ne plus être une information. L'empilage des cadavres empêche de prendre conscience qu'il s'agit de corps humains.

---

42. Le 7 novembre 1938, un jeune Juif âgé de 17 ans, chassé d'Allemagne, tue à Paris un secrétaire de l'ambassade d'Allemagne. Dans la nuit du 9 au 10 novembre 1938, orchestré par Goebbels, avec l'accord d'Hitler, un immense pogrom incendie 319 synagogues, lynche plusieurs milliers de personnes et envoie trente mille Juifs dans les premiers camps de concentration. Tous les magasins détruits expliquent le nom donné à ce pogrom : « nuit de Cristal ».

C'est en voyant la prothèse d'une amie que Charlotte Delbo comprend que c'est son corps qui se trouve dans le tas[43].

Écrire pour témoigner

Écrire pour témoigner n'est pas une recette. Quand l'écriture fait revenir l'angoisse du passé, elle réveille la mémoire de l'horreur. « L'écriture me replongeait moi-même dans la mort, m'y submergeait. J'étouffais dans l'air irrespirable de mes brouillons[44]. » Le temps du déni est nécessaire.

Quand le récit aide à maîtriser un événement vécu dans la stupeur, le blessé délègue son trauma à un porte-parole : « J'ai vécu les événements, moi, moi, moi, et pourtant il me fallait [...] transformer le "je" en "il". Je me sentais divisé, mal à l'aise, étranger [...], je savais que si je n'écrivais pas à la troisième personne, je n'écrirais pas du tout[45]. »

Comme d'habitude, l'expression de soi dépend d'une transaction entre ce qu'est le sujet et ce qu'est son alentour. Certaines personnes traumatisées qui avaient, dans leur enfance, acquis une force du moi et qui, après le trauma, ont été soutenues, se sont senties suffisamment sécurisées pour témoigner sans fioritures et simplement accuser.

---

43. Citée in Dayan Rosenman A., *Les Alphabets de la Shoah. Survivre. Témoigner. Écrire*, Paris, CNRS Éditions, 2007.
44. Semprun J., *L'Écriture ou la vie, op. cit.*, p. 260.
45. Ka.Tzetrnik, *Les Visions d'un rescapé ou le Syndrome d'Auschwitz*, Paris, Hachette, 1990.

D'autres, moins affirmées et non entourées après le fracas, sont restées prisonnières de leur passé. La plupart ont dû dénier, éviter le rappel du passé, avant de trouver la force de dire « il » est le héros de mon roman, le porte-parole de « je » suis celui à qui c'est arrivé.

Les enfants qui ont dû se cacher pour ne pas être mis à mort ont été contraints à l'« encryptage[46] », comme disait Georges Perec, mon frère d'âme. Trop petits pour être forts, entourés par des récits collectifs où ils entendaient leur condamnation à mort, mal sécurisés par les gens qui, pour les sauver, les isolaient et leur demandaient de ne pas dire leur nom, ils se sont adaptés à cette étrange transaction « en ménageant une crypte toute privée, puisque invisible à l'immense majorité des lecteurs[47] ».

Le roman serait-il pour eux la forme supportable du témoignage, une accusation cryptée, un aveu énigmatique ? Quand Perec écrit *W ou le Souvenir d'enfance*[48], c'est une narration de soi qu'il écrit à la troisième personne, c'est une accusation du nazisme qu'il décrit dans ces jeux Olympiques stupides où l'on tue le dernier parce qu'il est dernier. Et c'est pour « eux, mes parents disparus » qu'il écrit *La Disparition* où la voyelle « e » a disparu.

À la fin de son livre-témoignage crypté, Perec écrit que « Lans [Villard-de-Lans] est le lieu d'un souvenir pénible. C'est là qu'il a découvert conjointement

46. Perec G., *Entretiens et conférences*, tome 2 : *1979-1981*, D. Bertelli, M. Ribière (éd.), Nantes, Joseph K., 2003, p. 172.
47. Reggiani C., « Perec avant l'Oulipo », *in* « Georges Perec », revue *Europe*, janvier-février 2012, p. 30.
48. Perec G., *W ou le Souvenir d'enfance, op. cit.*

sa judéité, la violence liée à la judéité et la culpabilité liée à la judéité[49] ».

C'est dans ce village que j'ai, moi aussi, découvert ma judéité, sa violence et sa culpabilité qui invitent si fortement à l'aventure intellectuelle et à l'engagement social.

J'aimerais tant que ces prises de conscience, communes à Perec et à moi, soient survenues au Gai Logis, sombre pension derrière l'église, où la simple désignation par un mot, « juif », m'avait obligé à rester debout, en arrière des autres enfants agenouillés, autorisés à prier, eux. Je ne pourrai pas partager ce souvenir avec Perec puisque j'apprends qu'il logeait « dans un pied-à-terre [...] en montant sur la gauche, juste passé la place [...] dans une rue étroite ». Nous étions voisins, l'Igloo « n'est pas loin de l'église. C'est là que vint Georges Perec à l'automne 1941 pour vivre avec sa tante Esther[50] ».

Pendant la guerre, j'avais été mis en danger par un mot qui désignait je ne sais quoi. Après la guerre, ce même mot prononcé quand ma tante survivante m'a retrouvé m'excluait à nouveau du groupe. Qu'est-ce que ce mot voulait dire ? Que désignait-il ? L'existence elle-même était cryptée.

Le mot « juif » prononcé dans un milieu juif aurait provoqué un délicieux sentiment d'appartenance. Le même mot prononcé dans un milieu non juif provoquait un sentiment d'exclusion (je n'étais pas

49. Delemazure R., Seité Y., « Perec dans le XVIIIe siècle », in « Georges Perec », revue Europe, janvier-février 2012, p. 212.
50. Bellos D., Georges Perec. Une vie dans les mots, Paris, Seuil, 1994, p. 85.

comme les autres), avec une pointe d'étrange fierté
(je n'étais pas comme les autres). Privé de ma famille et
de mes origines, le trauma devenait mon identité secrète.
Privé de racines, j'éprouvais le plaisir qu'on ressent quand
on voyage dans un pays inconnu. Me sentant étranger,
tout devenait surprenant. Métèque voyageur, étrangement
chez moi, je ne pouvais pas être né ailleurs qu'à
Bordeaux, être imprégné par une autre culture que celle
de la France, ne pas avoir été chassé du pays de mon
enfance par les gestapistes, les nazis et « les voisins qui
risquaient de me dénoncer ». Mon regard extérieur faisait
de moi un visiteur dans mon propre pays, un marginal
passionné par le monde des autres.

Pendant la guerre, j'avais été contraint au secret
pour ne pas mourir. Après la guerre, l'« encryptage »
forcé me permettait de m'adapter aux réactions mor-
bides des gens normaux. Je me taisais parce que personne ne pouvait entendre ce que j'avais à dire. Leurs
réactions me coupaient la parole. Parfois, ça m'échappait comme un bavardage anodin : « J'ai été arrêté…
j'ai libéré Castillon en sonnant les cloches… j'ai donné
des fleurs au général de Gaulle… » Qu'est-ce qu'il
raconte, ce gamin ?

Comment voulez-vous que mon témoignage
donne une impression de cohérence ? Les adultes inté-
graient mes tentatives de parole dans la banalité de
leur quotidien et disaient : « Arrête de te plaindre, nous
aussi on n'avait pas de beurre. » L'interprétation des
auditeurs, l'aplatissement des faits évoqués affadissaient
mon témoignage. Trop de distance à combler… Trop
de mots à prononcer… Trop de preuves à donner…
Autant ne rien dire, c'est plus facile.

Récits dysharmonieux

D'abord, j'ai dû me taire pour ne pas mourir, puis je me suis tu pour être tranquille[51]. Quand il m'est arrivé d'être entendu, ce n'était pas mieux. « Mon pauvre petit », disaient les adultes, et leur pitié m'écrasait. Parfois, les questions trop précises sur mon évasion me faisaient comprendre que l'auditeur doutait et cherchait à me coincer. Une voisine, très gentiment, m'avait demandé de lui raconter comment j'avais été violé par les pédophiles : « Un enfant seul, vous pensez bien ! » L'épicier de la rue Ordener avait dit à une cliente : « Demandez à ce petit de raconter comment les Allemands étaient méchants. » Cet homme me demandait de raconter une horreur pour amuser sa cliente. Une grande fille m'a cinglé : « Moi, à ta place, je serais morte avec ma famille. » Elle était indignée, elle m'accusait d'avoir survécu, d'avoir abandonné les miens ! Au cours d'un de mes allers-retours en train entre Paris et Bordeaux, Dora avait demandé à un curé assis à mes côtés de veiller sur moi. Pendant le trajet, je lui ai dit deux ou trois mots de mon histoire, il m'a expliqué : « Pour être punis de si terrible manière, tes parents ont dû commettre de bien grandes fautes. »

Autant se taire.

---

51. Cyrulnik B., « Les muets parlent aux sourds », *Le Nouvel Observateur*, numéro spécial « La mémoire de la Shoah », décembre 2003-janvier 2004, p. 52-55, et Waintrater R., *Sortir du génocide. Témoigner pour réapprendre à vivre*, Paris, Payot, 2003.

Les interprétations des autres me faisaient comprendre que je n'étais pas comme les autres. Je devais me taire pour paraître normal, mais en me taisant je ne me sentais pas normal.

Ayant triomphé de la mort, j'étais initié. Mais ma victoire devait rester muette afin de demeurer dans le monde avec les autres. Alors, je me suis promis qu'un jour je raconterais. Mais il fallait qu'auparavant je me rende capable de parler. Très tôt, j'ai cru que la psychiatrie légitimerait ma parole en expliquant la folie des sociétés. Il m'a fallu longtemps pour comprendre qu'avant de se risquer à parler, il fallait d'abord rendre les autres capables d'entendre : « Puisque j'ai vu le visage de la mort, ce que les autres n'ont pas eu l'occasion de voir, un jour, je leur dirai comment elle est[52]. »

Je n'avais pas de haine pour les Allemands, car j'avais déjà compris que ce qui les avait rendus cruels, ce n'était pas la méchanceté, c'était leur soumission à une théorie absurde : « Tant qu'une institution s'appuie sur des instincts forts, elle n'admet ni ennemis ni hérétiques : elle les massacre, les brûle ou les enferme. Bûchers, échafauds, prisons ! Ce n'est pas la méchanceté qui les inventa, c'est la conviction, n'importe quelle conviction totale[53]. » Cioran sait de quoi il parle, lui qui a connu le plaisir de se soumettre à un fanatisme absurde, à l'époque où il saluait Hitler en récitant des slogans antisémites. Puis, effrayé par ce terrifiant bonheur, il a évolué

---

52. Cioran E., *Cahiers, 1957-1972*, Paris, Gallimard, 1997, p. 668.
53. Cioran E., *Œuvres*, Paris, Gallimard, 1995 ; Paris, Gallimard, « Quarto », p. 728.

vers une liberté anarchique talentueuse où son auto-cynisme est devenu une forme d'humour.

Se taire, c'est se faire complice des tueurs, mais parler, c'est dénoncer son intimité, « se mettre à nu », comme on dit parfois. On peut « mourir de dire[54] », nous explique Rachel Rosenblum : quand ne pas dire est un mensonge et dire est une souffrance. C'est pourquoi on parlait si mal du passé dans ma famille recomposée.

Je sentais le chagrin de Dora quand, dans une courte phrase, elle évoquait Rose ou Nadia, ma mère, ses deux sœurs disparues à Auschwitz. Son désarroi était plus grand quand elle murmurait : « Jeannette a totalement disparu, elle avait 15 ans. » J'entendais dans ce « totalement » qu'elle n'avait même pas disparu à Auschwitz. Rien à se représenter.

Rien.

Dora racontait sa guerre avec une seule anecdote, cent fois répétée : elle avait échangé de la nourriture contre quelques cigarettes.

On savait que Jacquot était entré dans la Résistance à l'âge de 18 ans et qu'il avait fait de nombreux coups d'éclat. Il parlait des autres, ses « copains de Résistance », qu'il voyait régulièrement lors de manifestations communistes et des réunions de cellule, mais on ne savait rien de ce qu'il avait fait. Quarante ans plus tard, c'est l'une de mes patientes, résistante elle aussi dès l'âge de 15 ans, qui, craignant que je ne la croie pas, m'avait apporté un gros livre où étaient

---

54. Rosenblum R., « Peut-on mourir de dire ? », *Revue française de psychanalyse*, 2000, vol. 64, n° 1.

consignés les noms des résistants reconnus et leurs actions les plus marquantes. J'y ai lu qu'à l'âge de 20 ans, à la tête d'un bataillon, Jacquot avait participé à l'insurrection de Villeurbanne.

Émile, lui, pas un mot, pas même une allusion. Je pensais dans mon esprit d'enfant que, puisqu'il n'était pas juif, il n'avait rien à raconter.

Voilà comment se composait ma niche verbale après la guerre, en 1947. Margot et sa famille restaient dans ma mémoire, mais s'éloignaient au quotidien à cause du conflit avec Dora. J'ai retrouvé il y a quelques mois un certificat où Margot, désirant m'adopter, expliquait au juge qu'il n'était pas possible de confier un enfant à une danseuse célibataire. Dora lui en a voulu, elle a été nommée tutrice et a désigné Émile comme subrogé tuteur. J'étais content de ne pas être adopté, ça me permettait de rester fidèle à mes parents. Par ce jugement, je devenais la source de l'union officielle de Dora et d'Émile. Grand moment de bonheur !

Dora, en Pologne, était allée à l'école. Mais en arrivant à Paris, à l'âge de 14 ans, elle avait dû aider ses parents. La guerre ensuite avait empêché les études. Elle me disait parfois : « Margot est une intellectuelle », ce qui n'était pas bon signe. En présence d'Émile, elle se taisait : vous pensez, un directeur de laboratoire ! Avec ses amis danseurs, elle riait et parlait, mais, avec les collègues d'Émile, elle se tenait en retrait.

Dès que Jacquot arrivait rue Ordener, de l'autre côté de la butte Montmartre où nous avions déménagé, la gaieté, la chaleur et les discours politiques entraient avec lui. Émile parlait de son laboratoire chez LMT, près des Invalides. Il expliquait ses travaux sur les standards téléphoniques et sur les oscillographes cathodiques qui préparaient la télévision. J'entendais beaucoup parler de Svoboda, un émigré tchèque qui, si j'ai bien compris, travaillait comme portier au laboratoire pour se payer des études d'ingénieur. Émile en parlait avec estime, l'aidait à préparer son concours, mais ne l'invitait jamais à la maison. J'étais enchanté par les énigmes scientifiques, les photos de ski, de rugby et les récits des voyages qu'il faisait pour donner des conférences aux États-Unis et au Brésil. C'est comme ça qu'il fallait vivre : être gai, comme Dora, communiste comme Jacquot et scientifique comme Émile.

Les copains de Jacquot, anciens résistants, me paraissaient à peine plus âgés que les grands garçons qui, au lycée, préparaient le bac ou les grandes écoles. Ces « anciens » combattants m'emmenaient aux réunions du Parti communiste, me commentaient les articles de *L'Humanité* et me présentaient Henri Martin, un héros qui serrait les mains en regardant ailleurs. Ce marin, envoyé au Vietnam pour y faire la guerre alors qu'il militait contre le colonialisme, était devenu une idole pour les communistes. En tant que militaire, il risquait gros pour avoir écrit : « Notre sang n'est pas à vendre [...], marins de Toulon, nous ne nous sommes pas engagés pour aller mourir en Indochine pour le profit des banquiers français[55]. »

Je n'avais pas conscience du non-dit d'après guerre puisque ce qui définit le déni, c'est justement

---

55. Vincent G., « Être communiste, une manière d'être », *in* P. Ariès, G. Duby, *Histoire de la vie privée*, tome 5 : *De la Première Guerre mondiale à nos jours*, Paris, Seuil, 1987, p. 431.

de ne pas dire, de mal dire, d'éluder, de relativiser afin d'orienter la conscience vers des événements plus agréables à partager. Nous devions, pour nous remettre à vivre, éviter le passé et n'envisager que l'avenir. Pour ne pas subir le sort de Madame Loth, il fallait surtout ne pas se retourner sur les ruines du passé où flambaient encore quelques problèmes non résolus.

C'est le contexte relationnel qui met en lumière ce que l'enfant met en souvenir. Mais, pour faire une histoire, il faut une harmonie entre les récits de soi et les récits d'alentour, une « cohérence narrative[56] ». « Appartenir à une culture, c'est […] en réaliser, en accepter ou en sentir les buts à travers les cadres sociaux qui proposent un arrangement[57]. » Quand l'entourage n'est pas prêt à vous entendre ou quand les récits d'alentour racontent autre chose que ce que vous avez vécu, il est difficile et même dangereux de témoigner[58]. Dire, c'est être exclu. Se taire, c'est accepter l'amputation d'une partie de son âme.

J'avais 10 ans quand j'ai appris que Ponce Pilate s'était lavé les mains. Ce jour-là, j'ai découvert aussi que j'appartenais au peuple qui avait tué le Christ. D'emblée, cet argument m'a paru discutable : puisqu'on m'avait appris que Dieu était tout-puissant, c'était donc lui qui avait ordonné aux Juifs de tuer son fils. Dieu n'était pas si bon que ça. Ou alors, il fallait admettre que les Juifs étaient plus puissants que lui !

---

56. Adelman A., « Mémoire traumatique et transmission intergénérationnelle des récits de l'Holocauste », in « Devoir de mémoire : entre passion et oubli », *Revue française de psychanalyse*, 2000, vol. 64, n° 1, p. 221-245.
57. Monteil J.-M., *Soi et le contexte*, Paris, Armand Colin, 1993, p. 56.
58. Waintrater R., *Sortir du génocide*, *op. cit.*, p. 189.

Le regard des autres venait de me fonder Juif. Je ne savais toujours pas ce que ce mot désignait, mais j'avais compris qu'à mon origine, il y avait une énigme tragique et passionnante, de quoi rendre mégalomane n'importe quel petit garçon !

Aujourd'hui encore, je suis frappé par notre incapacité à limiter notre pensée. À peine avons-nous découvert un fait que nous le généralisons jusqu'à l'absurde. Notre désir de découvrir les lois générales qui régleront nos conduites nous mène à inventer des fables auxquelles nous nous soumettons.

CHAPITRE 4

L'EMPREINTE DES AUTRES

Le jour de l'assassinat du président Kennedy, j'étais à Montpellier, chez un oncle de ma femme. Quand la radio a annoncé la stupéfiante nouvelle, je me tenais debout dans le salon, entre une lourde armoire normande et un napperon sur la table. Il était en dentelle ce napperon et passait sous un vase. Voyez comment c'est, un souvenir. Je n'entends plus la voix à la radio, mais je sais qu'elle a annoncé l'assassinat du président. En revanche, je vois l'image du napperon sous un vase, mais je ne vois plus ce vase, je me souviens aussi du volume sombre de l'armoire. Un fait choquant peut donc avoir un effet de contagion émotionnelle : j'ai perçu le napperon et je l'ai mis en mémoire afin de contextualiser l'information sonore d'un événement exceptionnel.

Récit du trauma et contexte culturel

Quelque temps après l'assassinat, les radios, les journaux et les rumeurs répétaient, comme des slogans quotidiens, que les habitants de Dallas avaient mal surveillé le trajet du président Kennedy. Ils étaient donc responsables de la tragédie. Après avoir protesté, ils ont constaté que cette pression accusatrice provoquait une étonnante solidarité. Dans les trois années qui ont suivi la mort de Kennedy, la ville a connu une étonnante expansion[1]. On a nettoyé les rues, on a construit des buildings dont on a soigné l'apparence et surtout la fraternité des habitants s'est nettement renforcée. De généreux donateurs finançaient des associations qui s'occupaient des pauvres et des activités culturelles. Cette entraide collective témoignait probablement d'un mécanisme de protection face à un stress culturel puisque, en même temps, les hôpitaux notaient une augmentation des infarctus et des suicides. Face à l'agression, chacun protégeant l'autre dynamisait la ville. Cet effet de sécurisation stimulante a cessé après l'assassinat de Martin Luther King. C'est alors la ville de Memphis qui a bénéficié du même phénomène !

Qu'elle soit collective ou individuelle, la mémoire est intentionnelle : elle va chercher dans le passé les faits qui donnent forme à ce qu'on éprouve au présent. Quand, dans un groupe, on partage un même récit, chacun est sécurisé par la présence de l'autre. Raconter la même histoire, croire aux mêmes représentations crée un sentiment de grande familiarité. C'est pourquoi les récits partagés, les mythes racontés, les prières récitées côte à côte sont d'excellents tranquillisants culturels.

---

1. Pennebaker J. W., *Opening Up : The Healing Power of Confiding in Others*, New York, Morrow, 1990.

Le trauma collectif solidarise les membres du groupe qui se rassemblent pour affronter l'agresseur, alors que le trauma individuel désolidarise en induisant des récits impossibles à partager. Le destin du trauma diffère selon le contexte verbal : « Un événement traumatique collectif est inévitablement médiatisé, filtré par le groupe, la famille, la culture et la société, à la différence d'une agression individuelle qui a tendance à isoler l'individu dans sa souffrance[2]. » Après un drame collectif, on constate souvent un élan de solidarité et le tissage de liens affectifs entre les victimes. Mais « quand le trauma est individuel, le récit collectif empêche même l'élaboration individuelle[3] ».

Schaul Harel a connu une enfance comparable à la mienne. Né en Belgique, orphelin de la Seconde Guerre mondiale, il est recueilli par une institution belge qui, à la Libération, l'envoie en Israël. Quand l'enfant raconte ce qui lui est arrivé à ses copains d'école ou à ses camarades d'armée, on le surnomme *soap* (savon), en référence à la rumeur qui racontait que les nazis faisaient du savon avec la graisse des déportés. Schaul, contraint de se taire pour ne pas être méprisé par ses amis, étudie rageusement la médecine et devient professeur de neuropédiatrie à Tel-Aviv.

---

2. Vitry M., Duchet C., « Résilience après de grandes catastrophes : articulation du singulier et du collectif », *in* S. Ionescu (éd.), *Traité de résilience assistée*, Paris, PUF, 2011, p. 449.
3. Duchet C., Payen A., « Intervention médico-psychologique *in situ* lors de la guerre civile du Congo par la cellule d'urgence médico-psychologique de Paris : octobre 1997 », *Médecine de catastrophe-Urgences collectives*, 1999, vol. 2, n°s 5-6, p. 192-196.

Les jeunes Juifs nés en Palestine avant 1948 ou en Israël après la guerre d'indépendance[4] étaient fiers de leurs victoires militaires. Ils avaient d'abord combattu contre les armées arabes pronazies[5] engagées sous les ordres de Rommel depuis 1941 et tenues en échec à Bir Hakeim en 1942. Puis ils avaient conquis des territoires en 1949 après que les armées arabes eurent envahi l'État d'Israël, tout juste né en 1948. Ces fiers Sabrah avaient entendu les stéréotypes qui disaient que les Juifs européens s'étaient laissé mener à l'abattoir comme des moutons. Ignorant leurs combats, ils les méprisaient.

Ce n'est qu'à la fin de l'année 1961 que le procès Eichmann a « pour la première fois attiré l'attention de l'opinion internationale sur la Shoah[6] ». Ce procès, en rendant public l'assassinat de presque six millions de personnes grâce à une parfaite administration et une industrie performante, a changé l'opinion israélienne. Les compagnons de Schaul pensent désormais que la « montée » en Israël a fait de ces moutons européens des soldats victorieux : « Mythologie rassurante... on nous insufflait l'héroïsme[7]. »

---

4. La guerre israélo-arabe a débuté dès la décision de l'ONU de créer deux États, palestinien et israélien, le 29 novembre 1947. Le 7 janvier 1949, elle a cessé après deux mille morts arabes, six mille morts juifs et six cent mille Palestiniens chassés de chez eux.
5. Barnavi E. (dir.), *Histoire universelle des Juifs*, Paris, Hachette, 1992, p. 230-231.
6. Adolf Eichmann a organisé la spoliation et la déportation des Juifs d'Europe vers les centres d'extermination de Pologne. Réfugié en Argentine, il est capturé par les services secrets israéliens, jugé à Jérusalem et condamné à mort en 1962.
7. Friedländer S., *Quand vient le souvenir*, Paris, Seuil, 1978, p. 69.

Mon ami Henri Parens, chassé de Belgique par l'administration militaire, est enfermé avec sa mère au « centre de regroupement familial » de Rivesaltes, près de Perpignan. Il est âgé de 11 ans quand il parvient à s'enfuir. Il prend le train qui l'emmène à Saint-Raphaël, où sa mère lui a donné l'adresse d'une maison de l'OSE[8] qui l'envoie aux États-Unis. La famille qui l'accueille chaleureusement se contente de lui indiquer l'adresse de la synagogue au cas où il voudrait s'y rendre[9]. Excellent musicien, il se paye des études de médecine et devient professeur de psychiatrie à Philadelphie. La crypte d'Henri existe à peine, parce que son nouveau contexte familial et culturel lui a laissé prendre la parole.

Chez Schaul, la crypte a duré quelques années, quand on l'appelait « savon » pour signifier qu'il appartenait au groupe des vaincus. Mais dès que la culture israélienne a changé, dès que Schaul a été entouré par des récits collectifs qui expliquaient la nécessité de se solidariser pour affronter les pays arabes, les étudiants, les soldats et les médias lui ont redonné la parole.

Dans mon contexte familial d'après guerre, tout le monde était blessé. La moindre allusion à la persécution faisait changer le cours des discussions. Dans la culture qui m'entourait, on n'entendait que des récits de résistance, de courage et de débrouillardise.

---

8. OSE : Œuvre de secours aux enfants. Cette association a sauvé pendant la guerre un très grand nombre d'enfants. On y abordait le problème de la persécution des Juifs alors que dans d'autres institutions comme la CCE (Commission centrale de l'enfance) on préférait envisager un avenir radieux.

9. Parens H., *Le Retour à la vie. Guérir de la Shoah, entre témoignage et résilience*, Paris, Tallandier, 2010.

Pas une plainte. Or parler de ce qui m'était arrivé m'aurait aidé à comprendre, à rendre cohérent ce réel fou, à ne plus me sentir monstre, chassé de la condition humaine. Taire ces années de mort et de brisures répétées, c'était « se retrouver seul, soumis à l'événement[10] ».

L'histoire s'éclaire à la lumière du présent

Ce qui me frappe, aujourd'hui où l'on m'invite à raconter, c'est la difficulté qu'éprouvent mes auditeurs à suivre mes exposés :

— Alors Margot a épousé un collaborateur ?

— Non, non, au contraire, elle a épousé un résistant.

— C'est Margot qui t'a élevé ?

— Non, c'est Dora.

— Tu t'es évadé d'Auschwitz à 5 ans ?

— Non, j'étais à Bordeaux à 6 ans et demi.

Même mes amis bienveillants se perdent dans l'enchaînement des événements et dans le rôle des adultes. Ils confondent les sauveurs avec les agresseurs, les lieux et les dates. Le réel de la guerre est tellement incohérent qu'il compose pour eux une représentation confuse.

---

10. Rimé B., « Mental rumination, social sharing, and the recovery from emotional exposure », *in* J. W. Pennebaker (éd.), *Emotion, Disclosure and Health*, American Psychological Association, 1995, p. 271-292.

J'ai mis longtemps à être clair. Je me trompais sur les dates et les lieux. Je croyais que Pondaurat était près d'Avignon. Je pensais avoir été arrêté à 2 ans et demi, mais un jour en voyant ma fille, au même âge, pleurer en appelant sa mère, j'ai compris que c'était impossible. Ce n'est qu'en lisant une archive que Michel Slitinsky m'avait envoyée[11] que j'ai pu calculer que lors de la rafle du 10 janvier 1944, j'étais âgé de 6 ans et demi. Il m'a fallu lire des écrits et entendre des récits extérieurs aux miens pour devenir capable de donner cohérence à la représentation de mon passé.

L'histoire s'éclaire à la lumière du présent, et le présent lui-même est structuré par son contexte. Les récits d'alentour constituent un cadre de croyances, de souvenirs et de comportements qui peuvent évoluer selon les rencontres. La clé du passé, c'est le présent. Et ce qui structure le présent, c'est notre relation[12].

Une guerre c'est une guerre, me direz-vous. Je vous répondrai que c'est sa signification qui attribue une connotation affective aux souvenirs. Les soldats israéliens tués pendant la guerre des Six-Jours[13] ont été sanctifiés par leur famille parce que leur mort signifiait :

11. Slitinsky M., *L'Affaire Papon*, Paris, Alain Moreau, 1983, p. 131.

12. Pennebaker J. W., Banasik B. L., « On the creation and maintenance of collective memories : History as social psychology », *in* J. W. Pennebaker, J. Paez, B. Rimé (éd.), *Collective Memory of Political Events*, New York/Londres, Psychology Press, 1997, p. 3-18.

13. Au printemps 1967, Nasser, le Raïs égyptien, regroupe ses armées dans le Sinaï pour porter assistance à la Syrie. Il demande aux Casques bleus de partir, ferme le détroit de Tiran et passe un accord de guerre avec la Jordanie et l'Irak. Israël est isolé sur la scène internationale. En quelques jours, Israël détruit la coalition arabe et s'empare du Sinaï, du Golan, de la Cisjordanie et de la moitié arabe de Jérusalem.

« Grâce à toi, nous avons repoussé l'invasion des
armées arabes qui voulaient la destruction d'Israël. Tu
es mort pour que l'on vive. »

Cette héroïsation n'a pas été possible lors de la
guerre du Liban en 1982, et encore moins lors des
bombardements qui ont suivi. La mort des soldats a
provoqué un deuil douloureux et non pas une extase
quasi mystique : « Leur mort est stupide, ça n'a pas
de sens de mourir ainsi, on aurait dû négocier. » Dans
un tel contexte, la mort des jeunes n'est plus un acte
héroïque, c'est un accident désolant.

« Les enfants de survivants nés en Amérique du
Nord, du Sud ou en Israël, c'est-à-dire loin des lieux
stigmatisés par la Shoah, n'ont jamais eu à affronter
les mêmes crises identitaires que certains enfants de
"survivants" en France, privés de tout repère commu-
nautaire et identitaire [...]. Les jeunes Français sem-
blent bien plus perturbés que les jeunes Américains
dont les parents n'ont pas été mis en situation de dis-
simuler leurs origines juives[14]. »

Les enfants qui ont grandi aux États-Unis, en
Angleterre ou en Amérique du Sud ont entendu des
problèmes « bons à penser », alors que les petits Français
entendaient le silence, la parole retenue qu'ils inter-
prétaient comme un « interdit de penser[15] ». La connotation affective de la Shoah dépendait des récits d'alentour : le même fracas, terrible et glorifié aux États-Unis
devenait oppressant et honteux en France.

---

14. Frischer D., *Les Enfants du silence et de la reconstruction. La Shoah en partage*,
Paris, Grasset, 2008, p. 104-105.
15. Snyders J.-C., *Drames enfouis*, Paris, Buchet-Chastel, 1997.

Personne n'en parlait. Même les psychanalystes, pourtant habitués à entendre des récits d'exception, ne proposaient aucune réflexion sur ce thème, comme si leurs analysants n'en avaient jamais parlé ou comme si les psychanalystes ne les avaient jamais entendus. Les muets parlent aux sourds, même sur le divan.

Par bonheur, j'avais à ma disposition un patchwork d'identifications. J'étais entouré de figures d'attachement qui composaient un ouvrage de couleurs et de tissus différents. Chacun m'offrait un morceau de modèle. Dora m'apportait un soupçon de famille : c'était la sœur de ma mère, elle savait des choses, un jour elle me les raconterait. Jacquot avait été un héros de la Résistance. Dans mon esprit, il côtoyait mon père, blessé à Soissons dans la Légion étrangère. Émile représentait l'avenir : « Quand je serai grand, je serai scientifique, rugbyman et voyageur. »

J'aimais Dora pour sa proximité affective et sa gaieté, malgré des orages de plus en plus fréquents. J'aimais Émile pour ce que représentaient son image et son aventure. Le substitut familial fonctionnait bien.

Le jazz et la Résistance

Nous habitions maintenant rue Ordener. Vivait-il avec nous ? Il était souvent là, en bout de table. Était-il souvent là ? Nous n'avions pas d'activités familiales extérieures au logement, pas de sorties, pas de vacances, pas de cinéma, pas de travail, pas d'amis ni de familles en commun. À cette époque, entre 10 et 12 ans, je ne m'en rendais pas compte, tant j'étais avide de l'affection qu'ils me donnaient.

J'ai connu Émile dès que Dora m'a recueilli après la Libération vers 1946. À cette époque, il habitait à Lyon, rue Jacquard, dans un appartement sans meubles au-dessus du petit laboratoire qu'il dirigeait. J'entendais dire : « Si jeune et déjà directeur de recherche ! Il est entré à Centrale tellement tôt ! » Je ne savais pas ce que ça voulait dire mais, puisque j'entendais de l'admiration dans ces phrases, j'étais heureux.

Émile passait souvent sur un électrophone un grand disque de jazz qui s'appelait *ragtime*. J'ai donc aimé le jazz. Un soir, nous sommes partis danser place Bellecour. On dansait beaucoup dans la rue après la guerre, sur les places des villes ou en barrant les rues avec des tables et des chaises. On faisait cercle autour des danseurs et de quelques musiciens, et on les encourageait en tapant dans les mains. C'était un grand moment.

Quand les femmes tournoyaient, leurs robes s'envolaient, elles portaient presque toutes de tout petits chapeaux qu'elles appelaient « bibis ». Émile dansait très bien lui aussi. Ses gestes étaient souples et rapides, comme il convient au jazz, mais surtout avec ses mains, il faisait le pitre : il pointait l'index vers le ciel et battait la mesure. Tout le monde applaudissait. J'étais émerveillé.

Le jazz pendant la guerre avait pris une signification de résistance, il tournait en dérision les arrêtés de la préfecture. Puisque les Juifs avaient l'obligation de coudre sur leur poitrine une étoile jaune qui les désignait à la population et à la police, certaines personnes non juives avaient décidé d'en porter, elles aussi. Mais, au lieu de mettre le mot « juif » à l'intérieur, elles écrivaient « Papou », « bouddhiste », « Auvergnat » ou « swing ». La plupart de ces jeunes ne savaient pas que ce mot condamnait à mort. Ils jouaient simplement à taquiner l'interdit : « Dimanche prochain, on s'amusera bien, même les non-Juifs parmi nous porterons (sic) l'étoile[16]. » Quelques personnes, révulsées par les mesures antijuives, portaient l'étoile de David, comme une pancarte au cours d'une manifestation. Il n'était pas rare que des chrétiens s'inclinent ou soulèvent leur chapeau pour saluer une famille juive qui se promenait en affichant une dignité compassée.

Les « swingers » étaient les plus nombreux, au point que le simple fait de s'habiller en « zazou », avec des vestes longues et des chaussures bicolores devenait une manifestation de sympathie pour les Juifs, ce qui provoquait l'intervention de la police : « J'ai passé la nuit dans les sous-sols du dépôt de la préfecture de police, dans une cellule avec des barreaux, comme un criminel, témoigne Michel Reyssat, condamné pour "port illégal d'étoile jaune"[17]. »

« Une France swing dans une Europe zazou » : cette phrase, pour moi, valait acte de résistance. Alors, vous pensez bien quand, sur la place Bellecour, je voyais Émile danser le swing avec l'index en l'air, j'éprouvais l'admiration que méritent les héros.

---

16. Rajsfus M., *Opération étoile jaune*, Paris, Le Cherche Midi, 2012, p. 78.
17. *Ibid.*, p. 94.

Je me demande pourquoi toutes les dictatures ont considéré l'art et la psychologie comme des activités suspectes. Élida Romano, psychologue à Buenos Aires, raconte que la police faisait souvent des descentes dans les cabinets de consultation pour s'emparer des carnets de rendez-vous afin de repérer les patients considérés comme des complices. Elle a dû s'enfuir avec son mari musicien, donc forcément révolutionnaire.

En Roumanie, « des contrôles dans les écoles et même de véritables rafles étaient organisés pour identifier les jeunes gens qui avaient les cheveux trop longs ou les jeunes femmes qui portaient des jupes trop courtes[18] ».

La première fois que je suis allé à Bucarest, j'ai été enchanté par l'accueil affectueux que les Roumains faisaient aux Français. Dans les librairies, dans les écoles, on lisait beaucoup Émile Zola, André Gide et André Stil parce que, disait-on, ils décrivaient la décomposition de la société capitaliste.

On faisait la queue pour aller au théâtre voir d'excellentes pièces. Avant les trois coups du brigadier qui annonçaient le début de la pièce, deux garçons et une fille sont entrés en scène en swinguant sur une musique de jazz. Ça m'a rappelé des moments heureux. Quelques spectateurs ont commencé à claquer des doigts et à marquer le rythme en hochant la tête. Les trois jeunes gens se sont alors retournés d'un seul coup, chacun portait sur son dos une pan-

18. Ionescu S., Muntean A., « La résilience en situation de dictature », *in* S. Ionescu (éd.), *Traité de résilience assistée, op. cit.*, p. 531.

carte où l'on pouvait lire : « Je... suis... un âne. »
La salle a éclaté de rire. Tous les normaux, soumis
à la dictature, ont applaudi, humiliant ainsi ceux qui
commençaient à cadencer la musique. Quand on
swinguait en Roumanie, le conformisme participait
à la dictature.

L'affection ou l'idéologie

Parfois, Dora par petites phrases me disait deux
ou trois choses sur la guerre. Un jour, à Lyon où
elle vivait avec Émile, elle attendait Jacquot déjà
engagé dans les FTP. Les coups sur la porte n'étaient
pas ceux de son frère. Émile a ouvert et s'est retrouvé
face à deux inspecteurs de la Gestapo qui sont entrés
en le bousculant : « On vient arrêter la juive Dora
Smulewicz[19]. » Émile les a entraînés loin de Dora, a
murmuré des choses certainement importantes. Les
inspecteurs lui ont fait la morale, en disant que ce
n'était pas bien de protéger une Juive. Émile leur a
demandé d'attendre deux minutes, il est parti dans
les escaliers où Jacquot arrivait à son rendez-vous et
lui a fait signe de s'enfuir. Émile avait donc sauvé
Dora et Jacquot, et pourtant j'éprouvais une petite
ombre.

Je venais d'entrer au lycée quand Dora m'a dit
ces deux ou trois phrases. Émile était souvent là, je

---

19. Le nom de la mère de Georges Perec était Sulewicz qui, en yiddish, signifie
Schule (« école ») *Witz* (« esprit »).

ne parviens pas à me souvenir s'il habitait avec nous. Ce dont je me souviens, c'est qu'à la fin de cette année heureuse Dora m'a annoncé qu'ils se séparaient…

Un immense engourdissement s'est emparé de moi. Dora m'a dit que je pourrais continuer à le voir car il venait d'acheter un studio rue Vanneau, près de son laboratoire. J'y suis allé de temps en temps, mais nous n'avions plus grand-chose à nous raconter. Je craignais de lui faire mal en parlant du nouveau couple que Dora formait maintenant avec un homme plutôt gentil, un commerçant qui ne parlait que de sport, de vélo surtout. Je me suis tu, comme d'habitude.

Émile travaillait de plus en plus. Il se levait tard, faisait couler l'eau chaude du robinet dans une tasse de café en poudre, allait à son labo vers 10 heures, pratiquait la journée continue jusqu'à 10 heures du soir, puis se rendait dans un petit restaurant où il prenait un seul plat avant la fermeture. De quoi voulez-vous qu'on parle ?

Le lien était distendu, mais, dans l'imaginaire, il restait présent. Dans mes récits muets, je continuais à lui raconter les événements marquants de ma nouvelle vie, mais il n'en savait rien puisque je me taisais.

Je lui téléphonais de temps en temps. Un jour, la secrétaire a refusé de transmettre mon appel. Après plusieurs tentatives, elle a fini par me dire qu'il était hospitalisé à La Pitié, en neurochirurgie. J'étais alors en deuxième année de médecine. Je suis allé le voir tous les matins. Il était aphasique et parlait de moins en moins, mais quand il a réussi à bredouiller à une infirmière : « Je suis son tuteur », Émile m'a fait son dernier cadeau.

Un matin quand je suis arrivé, le lit était vide, le matelas retourné. Personne ne m'a prévenu, je n'étais pas de la famille.

La cérémonie a eu lieu à l'église Saint-Philippe-du-Roule. Près du cercueil se tenaient des gens que je ne connaissais pas, sa famille probablement. Il y avait aussi un homme de belle allure avec un adolescent blond qui pleurait. J'ai compris qu'il s'agissait de Svoboda, l'ingénieur tchèque et que l'adolescent qui pleurait était le filleul d'Émile. Je suis resté à l'entrée de l'église. Nous n'avons pas parlé.

Je suis reparti. Seul. C'était quelques semaines avant l'examen de deuxième année de médecine. Je n'étais plus allé en cours depuis que je rendais visite à Émile, chaque matin. Je m'asseyais près de son lit, lui aphasique et moi muet. J'attachais beaucoup d'importance à cet adieu, moi qui n'avais pas dit « adieu » à mes parents. Je n'allais plus à la fac, je n'ouvrais plus un livre, je me suis fait coller à l'examen de fin d'année. Je n'aurais pas supporté d'être heureux après sa mort.

Quelques années plus tard, j'ai été nommé interne dans ce même service de neurochirurgie. Au moment de la répartition des lits dont nous avions à nous occuper, un jeune externe a refusé d'aller salle Berger parce que son père y était décédé. J'ai accepté de m'occuper de cette salle en me disant que c'était une manière de rendre encore un peu visite à Émile. Le fait est moins important que ce qu'il évoque dans la mémoire : pour le jeune externe c'était la mort de son père, pour moi c'était un dernier adieu à ne pas manquer.

Il y a quelques années, quand Dora a dépassé les 90 ans, nous nous sommes enfin raconté notre enfance. J'ai aimé qu'elle me décrive les rivières gelées de Pologne, la fête au village, le danger du dégel, la rivalité affectueuse entre les sœurs et les cours d'hébreu qui l'ennuyaient. J'ai aimé qu'elle me raconte comment Oncle Stern, comme elle disait, expliquait que la France était le pays du bonheur. J'ai aimé qu'elle évoque la vie quotidienne avant guerre à Belleville où la rue était un lieu de rencontres, de jeux et de socialisation.

J'ai alors raconté à Dora le rôle important qu'Émile avait joué dans mon enfance. Malgré sa présence rare, je m'étais beaucoup identifié à lui. Je suis devenu médecin parce que Dora m'avait dit que c'était le désir de ma mère et j'ai pensé aussi que c'était suffisamment scientifique pour côtoyer Émile. J'ai joué au rugby pour en parler avec lui… deux ou trois fois.

« Et puis, ai-je ajouté, pendant la guerre, lui aussi a été un héros. Il t'a sauvé la vie et celle de Jacquot. » « À la Libération, a répondu Dora, les deux inspecteurs ont été arrêtés pour avoir mené à la mort un grand nombre de Lyonnais. Émile, appelé à témoigner, a volé à leur secours en déclarant que les deux gestapistes avaient sauvé deux Juifs. Ils n'ont pas été condamnés. Émile disait qu'il avait fait ça "par charité chrétienne". » Puis Dora a ajouté : « Il lisait *Gringoire*[20] et

---

20. *Gringoire* : hebdomadaire créé dans les années 1930 pour servir de support à l'Action française favorable au fascisme. Ce journal pamphlétaire soutenait que les Juifs avaient provoqué la guerre mondiale pour gagner plus d'argent.

vivait dans un milieu antisémite. C'est ce qu'il a expliqué aux gestapistes quand il leur a demandé de ne pas m'arrêter. »

Le soir, en rentrant chez moi, je n'ai pas pu regarder sa photo qui est dans un cadre dans l'escalier. Je n'ai pas pu l'enlever non plus. Pour effacer cette ombre, il faut que je comprenne.

Se perdre en utopie

Mme Descoubès, l'infirmière qui m'avait aidé à m'évader, m'a raconté que, un peu avant la libération de Bordeaux, elle avait été convoquée à la préfecture. Ses amis lui disaient : « N'y va pas. Enfuis-toi. » C'est difficile de quitter sa famille et sa maison, en pleine guerre. Quand elle est arrivée à la préfecture, Maurice Papon[21] l'a très bien accueillie. Il s'est levé, a contourné son bureau et a serré la main de la jeune femme en lui disant : « Nous savons ce que vous avez fait. Je vous félicite. » Je suis certain qu'il était sincère en admirant cette infirmière comme il avait dû l'être en participant, en tant que haut fonctionnaire, au « Service des questions juives » qui fit arrêter et déporter plus de mille six cents personnes dont une centaine d'enfants[22].

Bien sûr, le vent avait tourné et, pressentant l'effondrement de l'Allemagne, de nombreux hauts

---

21. Maurice Papon, haut fonctionnaire (1913-2009), condamné en 1998 pour « complicité de crime contre l'humanité ».
22. Bensoussan G., Dreyfus J.-M., Husson E., Kotek J., *Dictionnaire de la Shoah*, *op. cit.*, p. 427.

fonctionnaires préparaient leur reconversion[23]. Mais comment comprendre qu'un homme puisse côtoyer Gaston Cusin, Jacques Soustelle et d'autres véritables résistants et, le même jour, signer l'acte d'arrestation de milliers de personnes innocentes ? Après avoir effectué son travail mortifère, comment a-t-il pu féliciter la jeune infirmière qui s'opposait à ses décisions ?

Quand on se soumet à une représentation, au point de la couper de toute perception réelle, on réalise une abstraction utopique. Quand on rêve d'habiter un non-lieu, une cité idéale où les âmes seraient parfaites, on éprouve un sentiment d'euphorie et de toute-puissance béate. Cette idéalisation est différente du refuge dans la rêverie[24] où l'on souffre moins quand on fuit un réel insupportable. Je me réfugiais dans la rêverie quand, enfant, je fuyais la société persécutrice pour m'isoler dans un souterrain lumineux, affectueusement protégé par mes amis les animaux.

Au contraire, un utopiste imagine : « Ce serait merveilleux de vivre ensemble dans une cité pure et juste d'où le mal serait éradiqué. Nos relations seraient angéliques. Nous serions transparents puisque, tous pareils, sans différences, sans étrangers, nous n'aurions rien à cacher, nous penserions comme une seule âme. » En Utopie, toute manifestation intime est un acte de désolidarisation. Celui qui fait secret est un briseur de rêve, ou même un criminel, car il cache certainement

23. Boulanger G., *Maurice Papon. Un technocrate français dans la collaboration*, Paris, Seuil, 1994.
24. Ionescu S., Jacquet M.-M., Lhote C., *Les Mécanismes de défense. Théorie et clinique, op. cit.*, p. 247-256.

une transgression. Il n'est pas des nôtres, il nous détruit. À mort l'étranger, le Nègre, le Juif, le fou, le sidaïque, l'autre, le différent qui ne pense pas comme nous ! Puisque nous pensons le Bien, la société parfaite, l'égalité des âmes et la pureté, les autres différents nous souillent et détruisent notre utopie en ne récitant pas nos prières et nos slogans.

Ainsi fonctionnent les sociétés totalitaires où toute tentative d'aventure personnelle, comme l'art ou la psychologie, est considérée comme un blasphème envers Celui qui a conçu la Cité idéale. Le récit utopique est un énoncé de recettes de bonheur, auxquelles s'opposent le roman fiévreux ou l'autobiographie obscène qui révèlent des problèmes personnels. Le privé n'existe pas en Utopie puisque, au nom de la Morale, il faut éliminer, torturer ou rééduquer tous ceux qui, par leur différence, sont des blasphémateurs.

Le discours des enfants est aussi affirmatif qu'une utopie. La nuance vient avec l'âge. Moins on a de connaissances, plus on a de certitudes. En Utopie, il n'y a qu'une seule représentation du monde, celle du Chef vénéré qui programme notre félicité, les lendemains qui chantent et mille ans de bonheur. Ainsi parlent les sectes. Nous adorons l'État et nous nous soumettons avec bonheur à Celui qui sait tout. En échange, il nous déresponsabilise, ce qui nous protège de la culpabilité et de la honte. Le fait d'être tous pareils, normaux, portant le même masque et récitant les mêmes slogans, nous donne un délicieux sentiment d'appartenance. Nous pouvons alors détruire l'autre, le différent, avec désinvolture. Dans un monde sans autre comme celui des pervers, la culpabilité n'existe pas. Ce n'est pas coupable de marcher sur un insecte ou d'écraser une vipère.

Dans une relation personnelle, quand on est deux ou trois seulement et que l'un de nous fait un malaise, il est difficile de ne pas porter secours[25], mais, dans une relation anonyme, dans une foule ou une masse collective, il est presque moral d'abandonner celui qui freine la marche en avant. Dans les livres d'école de l'époque nazie, les enfants devaient résoudre le problème suivant : sachant que les soins pour un débile mental, dont la vie n'a pas de valeur, coûtent le prix de trois logements pour trois couples de beaux jeunes gens, quelle décision faut-il prendre ?

Les enfants indignés décident d'abandonner le débile, l'inutile, le méchant par qui le malheur arrive puisqu'il empêche trois couples vertueux de connaître le bonheur : ce qui fut une « incitation à la haine et à l'extermination est la traduction d'une promesse étatique de bonheur et d'égalité sociale[26] ». C'est donc au nom de l'humanité que l'on a pu commettre tous les crimes contre l'humanité.

On s'étonne que des enfants persécutés aient pu s'attacher à des adultes partisans de la persécution. Ces adultes étaient en quelque sorte clivés : une partie de leur personnalité s'attachait à l'enfant réel dont ils s'occupaient affectueusement, et une autre se soumettait à une représentation utopique qui n'avait rien à voir avec celui-ci. Quant au petit, il s'attachait à un

---

25. Bègue L., *Psychologie du bien et du mal*, Paris, Odile Jacob, 2011, p. 47.
26. Welzer H., *Les Exécuteurs. Des hommes normaux aux meurtriers de masse*, Paris, Gallimard, 2007, p. 222.

adulte dont il partageait le quotidien, en ignorant tout de son utopie. Comment voulez-vous que le lien ne se tisse pas entre deux personnes qui établissent une relation réelle, alors que leur utopie les coupe de ce réel ?

L'utopie criminelle s'exprimait souvent par une attitude, une mimique ou un slogan qui s'échappait de l'âme de l'utopiste : « On n'a rien à manger parce que les Juifs ont déclenché la guerre pour gagner encore plus d'argent », disait ce gentil paysan qui s'occupait tendrement de la petite fille juive qu'il cachait[27]. Un indice minuscule, une phrase inattendue n'empêchent pas l'enfant juif de s'attacher au gentil grand-père antisémite[28].

Les parents sont d'abord des enveloppes affectives. Il faut attendre des années pour que l'enfant devienne capable de se représenter les représentations de l'adulte qui s'occupe de lui. D'abord il est à leur contact. Plus tard, il accède à leur monde mental. Un enfant appelle « papa » cette manière affective d'être un homme. Ce n'est que bien plus tard qu'il découvrira que papa s'appelle « Pol Pot » ou « Staline » ou « Himmler ». « Papa voulait que je travaille bien à l'école », dit Mea Sith, la fille de Pol Pot, qui apprendra quelques années plus tard que c'est lui qui a fait fermer son école et déporter les enseignants. Le docteur Mengele qui, à Auschwitz, a torturé un très grand nombre d'enfants, des filles surtout, était un adorable père de famille, « comme le souhaitait le Führer ».

27. Palacz A., *Il fait jour à Jérusalem suivi de L'Exil des orphelins*, Jérusalem, Ivriout, 2004.
28. *Le Vieil Homme et l'Enfant*, film de Claude Berri, avec Michel Simon, 1966.

Quand l'identification est un bonheur, c'est douloureux de détruire l'image de celui pour lequel on se construit. La nièce de Staline, Kira Allilouïeva, à l'âge de 87 ans continuait à aimer de tout son cœur cet oncle adoré qui avait détruit sa famille et l'avait jetée en prison : « Enfant, j'ai vécu une époque merveilleuse et puis brusquement tout [...] a basculé. Je suis brutalement passée du rêve au cauchemar [...], nous n'avions pas idée de ce qui se passait dehors[29] », disait-elle, en continuant à l'aimer.

Alexandra Mussolini adorait son grand-père Benito le fasciste qui, dans la vie quotidienne était un homme chaleureux et gai. « Sa seule erreur fut de faire la guerre aux côtés de l'Allemagne[30]. » C'est un récit d'alentour, familial ou culturel qui a fait découvrir à l'enfant que le père social était différent du père affectif qu'elle avait connu.

Quand l'enfant découvre cet autre père, sa réaction affective révèle la structure du lien. Quand le lien était auparavant mal tissé, la révélation sert d'explication à son altération : « Maintenant, je sais pourquoi je ne l'aimais pas. » Quand la fille de Castro découvre à l'âge de 12 ans que ce « méchant monsieur à la maison » est son père, elle s'oppose au régime dictatorial comme elle s'était opposée à l'homme, son père. Quand le petit Niklas Frank apprend que son père a brûlé au lance-flammes les cinquante mille survivants du ghetto de Varsovie, il croit comprendre ce qui jus-

---

29. Cyrulnik B., « Mon père était un dictateur… », *Le Figaro Magazine*, 17 juin 2006, p. 35-40.
30. *Ibid.*

tifiait la haine de sa mère. Quand l'enfant devient capable d'entendre les récits d'alentour, la charge affective qu'il attribue à ce qu'on lui raconte dépend de la qualité du lien qu'il avait auparavant tissé.

En Argentine, à l'époque de la dictature militaire (1976-1983), de nombreux tortionnaires ont adopté les enfants dont ils avaient tué les parents. Ils leur ont donné un autre nom, ils ont bien élevé ces petits qui se sont profondément attachés.

Victoria est âgée de 27 ans quand une plainte déposée par les « grands-mères de la Place de Mai » lui fait découvrir qu'elle n'est pas la fille naturelle de Graciela et de Raul. Elle n'est pas née à Buenos Aires comme elle le croyait, mais à l'école mécanique de la marine, transformée en centre de torture. Sa mère, Maria Hilda Perez, a été torturée à mort et c'est un officier du centre de détention qui a recueilli le bébé. Pour Victoria, ce fut un choc : « On m'a menti. J'ai été trahie[31]. » Pour certains enfants, l'attachement distant qu'ils éprouvaient a soudain trouvé une explication : « Mes parents jouaient la comédie, ils faisaient semblant de m'aimer. » Quelques enfants ont préféré rompre : « J'ai aimé des monstres, je ne veux plus les aimer. » La réaction la plus fréquente a été le déni de la révélation : « Je ne vous crois pas. Ce sont mes vrais parents. Jamais ils n'auraient fait une chose pareille. Je vous en veux de m'avoir fait cette révélation mensongère. »

---

31. Mari Carmen Rejas-Martin, *Témoigner du trauma par l'écriture*, thèse de doctorat 3e cycle, université de Reims, 9 juin 2011, p. 55.

Cette situation n'est pas rare. Les janissaires au
XVᵉ siècle composaient l'infanterie ottomane. Les soldats étaient des enfants chrétiens (bulgares, russes,
arméniens) qui avaient été volés à leurs parents et élevés dans la religion musulmane pour en faire des guer-
riers. Ils s'étaient attachés à leurs parents-entraîneurs
qui, jusqu'au XIXᵉ siècle, les ont parfois envoyés au
combat contre leurs propres parents naturels. Ces combattants aimaient leurs éducateurs turcs qui en avaient
fait des soldats, des dresseurs de chiens et parfois même
des hauts fonctionnaires.

Lors de la guerre civile en Espagne, on a estimé
à deux cent cinquante mille le nombre de bébés enlevés
à leurs parents républicains pour être donnés à des
familles franquistes[32]. Ces enfants élevés dans les prin-
cipes bourgeois se sont attachés à leurs parents éducateurs. J'imagine qu'aujourd'hui, ils ne sont pas communistes.

Partager une croyance

Même quand une croyance n'a aucun rapport
avec la réalité, elle joue un rôle important dans le tissage du lien. Partager une croyance, c'est faire une
déclaration d'amour et travailler un sentiment de familiarité. Croyant au même dieu ou au même philosophe, nous nous sentons en sécurité ensemble, nous
nous donnons rendez-vous régulièrement pour effec-

---

32. « Les bébés volés sous Franco », *La Libre Belgique*, 2 février 2011.

tuer nos rites religieux ou laïques, nous organisons des événements qui favorisent les rencontres entre jeunes gens à marier, utilisant ainsi la pulsion sexuelle pour fabriquer du social. Nous organisons des repas et des fêtes musicales à l'occasion desquels les récits de nos anciens attribuent du sens aux événements de notre existence : naissances, baptêmes, mariages, obsèques et commémorations.

La représentation de soi dans un groupe d'appartenance nous inscrit dans une filiation : « Je suis la femme de Jean, le fils du boulanger. Nous sommes chrétiens, donc bien-pensants. » Les rituels rappellent l'histoire du groupe, participent à l'identité collective et, en cas de malheur, organisent un soutien affectif et social. Croire, ce n'est pas rien : c'est le liant du groupe qui nous sécurise et nous identifie.

Les contenus de croyance, eux, sont différents. Les janissaires, les bébés volés en Espagne ou récupérés en Argentine nous démontrent qu'on change de croyance quand on change de milieu, « on ne voit plus les choses comme avant ». On peut ainsi accepter de mourir pour une cause qu'on aurait combattue si nos rencontres nous avaient fait vivre dans un autre milieu.

J'ai partagé avec Émile de merveilleuses croyances : l'amour des aventures intellectuelles, des relations humaines et les joies du sport. Je n'ai rien partagé des représentations qu'il cachait et qui pourtant transmettaient une ombre, le silence de ses origines, de sa famille, de son passé. J'ai préféré m'intéresser à des problèmes accessibles et agréables. J'étais doué pour le déni.

La croyance la plus sécurisante, la plus belle et la plus dynamisante m'a été apportée par Jacquot : le communisme ! Cette idée constituait non seulement un rêve merveilleux, généreux et moral, mais en plus elle structurait le temps, les rencontres et les projets d'existence.

Jacquot était pour moi un héros de la Résistance. Il m'emmenait souvent aux réunions du Parti où j'entendais de sympathiques jeunes gens s'enflammer en parlant d'égalité, de liberté, de théâtre, de lectures et de sports de nature.

Comment voulez-vous ne pas être enchanté ? Grâce à eux, le monde devenait beau. Les « progressistes », comme ils se nommaient, allaient apporter le progrès (cela va de soi puisqu'ils étaient progressistes), tandis que les réactionnaires s'opposaient au bonheur du peuple en défendant leurs possessions, sources de tous les malheurs. J'avais besoin d'une vision claire du monde : je l'avais. Elle poursuivait l'image imprégnée dans ma mémoire, acquise pendant la guerre quand la société était scindée entre les gentils qui me sauvaient la vie et les méchants qui voulaient ma mort.

Mon engagement dans cette croyance a enchanté mon adolescence et tutorisé un nouveau développement. Je bénéficiais de l'effet sécurisant et fortifiant que donne la certitude. Je pouvais tenter une reconstruction.

Malheureusement, j'ai eu très jeune le goût du doute qui donne le plaisir de ne pas se soumettre à la récitation commune, mais qui prive en même temps du plaisir de se soumettre à la récitation commune. Penser par soi-même est une grande satisfaction. Quel dommage que cet effort nous ôte la joie d'être étayé par un mythe partageable. On est mal à l'aise quand on doit choisir entre le bonheur dans la servitude qui nous sécurise et le plaisir du cheminement personnel qui nous isole.

Je devais avoir 11 ans quand j'ai offert à Dora, pour son anniversaire, un livre de Georges Duhamel dont un professeur avait parlé au lycée[33]. Quelle drôle d'idée ! Je croyais qu'il y avait dans les livres des trésors de bonheur et je voulais en offrir une part à Dora.

Gentiment, elle s'est penchée vers moi pour me remercier et m'expliquer qu'il ne fallait pas lui offrir de livres, ce n'était pas la peine. Je me souviens de ma déception. Pendant la guerre j'avais dû cacher un fantôme dans mon âme. Je pouvais parler de tout spontanément à condition de taire ma judéité inconnue. La société, à cette époque, était scindée entre sauveurs et assassins. Il m'a fallu apprendre à établir des relations différentes avec chacun d'eux : chaleureuse avec les gentils, vigilante et glacée avec les tueurs. Après la guerre, la ferveur communiste a poursuivi l'opposition entre les progressistes qui voulaient le Bien et les réactionnaires partisans du Mal. En me demandant de ne plus lui offrir de livres, Dora m'encourageait, sans le vouloir, à établir avec elle une relation simple, partageable, tandis qu'une autre, plus intellectuelle, pourrait se développer ailleurs pour ne pas l'ennuyer. La structure de ce milieu a structuré mon âme.

---

33. Je viens de retrouver ce livre dans ma bibliothèque : Duhamel G., *Biographie de mes fantômes*, Paris, Paul Hartmann, 1948. C'est le journal d'un étudiant en médecine !

Dora commençait à faire les marchés avec son mari et se plaisait à parler de mode et de vêtements. Avec eux, j'ai appris à palper la qualité d'un tissu, à prendre les mesures d'un pantalon, à me lever tôt le matin, à monter un stand, à surveiller l'étalage et à casser la croûte avec les vendeurs d'à côté.

En même temps, je lisais *L'Humanité*, *L'Avant-Garde* et *Vaillant*, le journal le plus captivant, sans jamais lui en parler. Je dévorais la nuit, sous les draps avec une lampe, Émile Zola et Jules Vallès qui renforçaient ma vision trop claire du monde. Une distance intellectuelle se mettait en place entre nous. Ce n'est que très récemment, quelques années avant sa mort, parvenue à l'âge où l'on peut tout dire, qu'elle m'a doucement avoué : « Tu nous vexais avec tes livres. » J'ai compris que, sans le vouloir, je lui avais fait le même coup qu'Émile : elle se taisait quand elle côtoyait les scientifiques, alors qu'elle s'affirmait en compagnie de ses amis danseurs ou marchands.

Je ne savais pas lui parler du lycée où je me plaisais, des versions latines qui nécessitaient de toujours porter avec nous le gros dictionnaire Gaffiot, du rugby que je commençais à pratiquer pour m'identifier à Émile et de l'UJRF[34] où je m'étais engagé pour m'inscrire dans la filiation de Jacquot. L'attachement se tissait, bien sûr, mais amputé de toute une partie de nos représentations. Nous ne savions pas nous raconter nos histoires de vie. Pas un mot sur la guerre que nous avions traversée séparément, ni même sur nos origines

---

34. UJRF : Union de la jeunesse républicaine de France, organisme précurseur des Jeunesses communistes.

pourtant communes. Elle savait vaguement ce qui m'était arrivé, j'ignorais tout de son enfance polonaise et de sa famille qui était aussi la mienne. Un curieux mode de communication s'établissait entre nous, affectueux mais troublé par le murmure de nos fantômes. Il nous arrivait de rencontrer les restes d'une famille parisienne, de-ci, de-là. Elle disait que ses disparus la tourmentaient encore. Je n'avais rien à dire de mes parents, dont il me restait deux ou trois images dans mon monde sans paroles. Je m'appliquais à ne jamais parler de Margot pour ne pas blesser Dora.

Le discours
des enfants trop vieux

Faire secret en temps de guerre m'avait sauvé la vie, mais mal dire en temps de paix altérait notre affection. Nous rencontrions parfois une tante éloignée que je ne parvenais pas à situer dans ma structure familiale fracassée. Elle me regardait un peu et disait en s'éloignant : « *Scheine Ynk*[35]. » Un jour, elle a laissé échapper que le simple fait de me voir lui rappelait la guerre et les disparus de sa famille. J'étais l'enfant des morts.

Le seul discours partageable était celui des petits vieux. À l'âge de 11 ans, quand j'expliquais à Dora que le marxisme était préférable au capitalisme, elle s'en allait, je l'ennuyais.

---

35. *Scheine Ynk* : « Bel enfant », en yiddish.

Elle préférait les déclarations affectives : « Dès que j'ai su que tu étais vivant, j'ai voulu te retrouver. J'aimais beaucoup ta mère. » J'ai aimé qu'elle aime ma mère, mais j'entendais dans cette déclaration d'affection qu'elle m'avait pensé mort avant de me retrouver. Dora était là, avec sa fringale de bonheur et moi, au lieu de me comporter comme l'enfant de sa sœur, je ratiocinais comme un petit vieux. Je ne gambadais pas, je parlais de marxisme. J'étais un poids pour elle, alors que c'est auprès d'elle que j'ai trouvé la stabilité affective qui m'a permis lentement de me reconstruire. Elle m'a donné ça, mais ce n'est pas ce qu'elle espérait.

La maturité précoce n'est pas un signe de bon développement ; c'est plutôt une preuve de gravité anormale pour un enfant. Les adultes se trompent quand ils croient que l'enfant a mûri trop vite. Ce n'est pas de l'expérience, c'est une perte de vitalité. Sous le coup du trauma, les enfants s'éteignent et les adultes admirent leur « maturité ». Vous pensez bien qu'il s'agit d'un contresens. L'enfant accablé ne joue pas et cherche à donner une forme verbale à son abattement. J'ai observé le même phénomène en République démocratique du Congo avec les enfants soldats. Ils étaient polis, anormalement gentils, restaient assis des heures à discuter avec nous de la société ou de Dieu, pas de leur guerre bien sûr, elle aurait évoqué des blessures trop fraîches ou des crimes récents. Certains petits vieux, âgés de 10 à 12 ans, aux joues creuses et au regard fiévreux, se demandaient pourquoi ils ne se sentaient bien qu'à l'église. Ils voulaient devenir prêtres ou chauffeurs dans les belles voitures des ONG. Un seul enfant avait des joues rondes, un regard rieur et voulait devenir footballeur. Les autres étaient accablés par une gravité précoce que nous confondions avec la maturité.

« Ces enfants deviennent des "politologues", des "philosophes" qui affirment leurs idées sur des choses essentielles[36]. » Cette maturité précoce des enfants blessés par une maladie grave, par un malheur familial ou par un effondrement social, stimule des capacités intellectuelles inhabituelles chez un enfant. Cette performance témoigne de leur accablement. « Ce qui frappe, c'est que les enfants ne balancent pas les bras quand ils marchent [...], il y a une contracture de l'arcade sourcilière, une espèce de tension qui leur donne un masque de sérieux[37]. » Quand un malheur social déchire son monde intime, un enfant perd le plaisir de vivre. Il se réfugie souvent dans une intellectualité discordante pour son âge. Lors de toutes les guerres, dans toutes les catastrophes, de nombreux enfants réagissent ainsi. Quand tout s'effondre autour d'eux, ils perdent le plaisir de jouer à vivre, mais avant de sombrer à leur tour dans l'agonie psychique, ils se réfugient dans ce qui donne encore le plaisir de vivre : l'intellectualité. Après la guerre civile en Espagne, après la Seconde Guerre mondiale, les enfants qui n'avaient pas été protégés manifestaient cette maturité morbide[38]. Ne jouant plus à explorer l'existence, ils sont contraints

---

36. Grappe M., « Les enfants et la guerre, un regard clinique », *in* « Enfances en guerre », *Vingtième siècle, Revue d'histoire*, janvier-mars 2006, n° 89, p. 93-98.
37. Grappe M., « Les enfants et la guerre, un regard clinique », art. cit.
38. Duroux R., Milkovitch-Rioux C., *J'ai dessiné la guerre. Le regard de Françoise et Alfred Brauner, op. cit.*

à déchiffrer le monde afin de ne pas mourir totalement.

Dans cet engourdissement psychique persistent deux braises de résilience sur lesquelles le milieu peut souffler pour faire revenir la flamme : comprendre et rêver.

Quand l'existence est douloureuse, quand le contexte est dangereux, tant que la vie psychique n'est pas complètement éteinte, l'intellectualisation parvient encore à construire un monde abstrait qui aide à lutter contre la tristesse. Tant qu'on cherche à comprendre, on ressent du plaisir. Mais un enfant généralise trop vite, il n'a pas encore assez vécu pour connaître la nuance.

Un trauma qui isole un enfant durablement use son âme, l'attachement s'éteint. Le chaos des événements, le manque de stabilité affective, la déchirure répétée des placements successifs anesthésient l'affectivité, ce qui permet de moins souffrir[39]. Tant que le plaisir de comprendre persiste, cette braise de résilience attend que quelqu'un veuille bien souffler dessus afin de faire revenir la chaleur de l'existence.

L'autre braise est constituée par une frénésie de rêves. Dans un réel décourageant où l'on peine à trouver son chemin, on se réfugie dans une rêverie diurne excessive. Quand le réel est amer, on se paye de rêves sucrés.

39. O'Connor T. G., Rutter M., the English and Romanian adoptees Study Team, « Attachment disorder behavior following early severe deprivation : Extension and longitudinal follow-up », *Journal of the American Academy of Child and Adolescent Psychiatry*, 2000, 39, 6, p. 703-712.

Pendant longtemps, j'ai cru que la jouissance du rêve empêchait d'affronter le réel. Aujourd'hui, je pense que ce refuge dans la rêverie offre un substitut d'identification. Dans un milieu qui ne propose pas de modèle de bonheur, le rêve corrige ce monde into-lérable et invente un roman qui met en scène un idéal à réaliser. Les livres, les films et les belles histoires deviennent alors les « maîtres du rêve[40] » en offrant quelques échantillons de bonheur.

Pendant les années de la guerre, l'indifférence m'avait protégé du trauma. N'ayant personne pour qui vivre, je ne craignais pas la mort. Les adultes parlaient de mon courage ou de ma force de caractère. Je savais au fond de moi que ma mort ne blesserait personne, ma disparition ne provoquerait aucun manque. Pas importante, la mort. Je priais simplement le dieu que je m'étais inventé de me laisser vivre jusqu'à 10 ans, afin que j'aie le temps de connaître la vie.

Alors, je rêvais et je théorisais. Je racontais beau-coup d'histoires de guerre où je mettais en scène l'aventure des autres. Je ne racontais pas ma guerre puisqu'on ne m'avait pas cru, mais j'inventais des his-toires folles, exagérées, romancées qui étonnaient les adultes, les faisaient rire et penser : « Mais où va-t-il chercher tout ça ? » En travestissant mon malheur en histoires drôles ou en épopées exagérées, je me faisais accepter dans les relations humaines, je me socialisais. Mais, quand je voulais témoigner, je me retrouvais seul, rejeté, et parfois méprisé.

---

40. Bachelard G., *Le Poétique et la Rêverie*, Paris, PUF, 1960.

Ces fabuleuses chimères me rendaient tellement heureux que j'y pensais le jour et en rêvais la nuit. Ce cache-misère romanesque m'offrait une brève compensation, quelques moments de bonheurs imaginaires m'aidaient à supporter un réel désolé.

Une culture prolétaire

Ainsi façonné par mon histoire, je suis entré au lycée Jacques-Decour, admirablement situé entre les bagarreurs de Barbès et les prostituées de Pigalle. Il accueillait une forte majorité d'enfants du nord de Paris, de la porte de Clignancourt, de la zone non urbanisée des terrains vagues de Saint-Ouen et des « quartiers ténébreux de la Chapelle et de ses voies ferrées[41] ». Lourdement bombardé par nos libérateurs, ce quartier était magique, vraiment. Le cirque Medrano à deux pas de l'Élysée-Montmartre où nous allions voir des combats de boxe, Pigalle avec ses filles déguisées en friandises sexuelles qui nous taquinaient quand on passait près d'elles, les cabarets et ces images de danseurs acrobatiques photographiés artistiquement par Harcourt. Le Café de la Poste nous servait de « salle de permanence » quand nous séchions les cours ou quand un professeur était absent. Nous étions aimantés par les lycées de filles, Edgar-Quinet et Jules-Ferry. Les classes n'étaient pas mixtes à cette époque et, avant d'oser parler à une fille, nous allions nous débarbouiller et

---

41. Modiano P., préface à Matot B., *La Guerre des cancres, op. cit.*

nous coiffer, en espérant que l'une d'elles accepterait de venir bavarder dans les jardins du Sacré-Cœur où nous tenions notre quartier général.

En entrant dans ce lycée, j'ai ressenti le bonheur. Il y avait un cadre, un projet, des copains et des profs que nous estimions souvent. Je me suis senti fort.

C'est étrange de dire que « je me sentais fort ». C'est paradoxal, ce qui ne veut pas dire « contradictoire ». J'étais un paradoxe, un oxymore vivant, une alliance de contraires qui se renforcent en s'opposant. Je m'étais senti si petit, si seul, si monstre, que j'avais compensé en me réfugiant dans l'intellectualité et la rêverie. J'avais été si faible et chose persécutée que le simple fait d'être survivant me faisait croire que j'étais plus fort que la mort. J'avais été tellement anesthésié pendant la guerre et surtout après la guerre que le simple fait de sentir la vie revenir en moi me donnait l'intense plaisir des commencements et la conviction d'être capable de supporter toutes les blessures. Mon enfance m'avait donné un courage morbide. Je pensais qu'il me suffisait de rêver, de décider et de travailler pour réaliser mes désirs. Le reste n'est que souffrance banale.

Un groupe qui ne sait pas se définir n'étaye pas les membres de ce groupe[42]. À l'époque où je suis entré au lycée, j'étais étayé par des définitions différentes et opposées qui me renforçaient : Émile me renforçait par sa gentillesse, son amour de la science. Dora me

---

42. Tousignant M., « La culture comme source de résilience », *in* B. Cyrulnik, G. Jorland, *Résilience. Connaissances de base, op. cit.*, p. 137-151.

renforçait par sa présence et son affection. Jacquot me renforçait par son communisme généreux. Et le lycée de pauvres où j'entrais me renforçait par son quartier étonnamment cultivé et ses professeurs que nous respections.

Entre Pigalle et Barbès, les centaines de prostituées, les maquereaux élégants et les boîtes de nuit orageuses voisinaient avec le Trianon lyrique, juste en face du lycée. Les jours de fête, les baraques s'installaient sur le boulevard de Rochechouart où l'on entendait un forain crier dans son haut-parleur : « Avec qui voulez-vous lutter ? » Il y avait toujours un chaland qui levait la main pour recevoir le gant qui signifiait qu'il relevait le défi. Il repartait souvent avec un œil gonflé et le nez en sang en échange d'un petit billet et d'un bon souvenir de bagarre.

Au moins vingt cinémas se trouvaient dans ce quartier populaire où nous allions voir *La Bataille du rail* qui glorifiait les cheminots, *Les Enfants du paradis* et les films américains où Orson Welles incarnait la réussite sociale, tandis que les comiques Abbott et Costello nous décevaient régulièrement quand nous les comparions à Charlie Chaplin ou à Laurel et Hardy que nous ne cessions d'imiter. François Truffaut venait au lycée à pied depuis Pigalle où il habitait et j'imagine que ces cinémas ont été ses premières universités.

Partout, des théâtres dans ce quartier : le Théâtre Fontaine, rue Blanche, et surtout l'Atelier en montant vers la butte Montmartre, où nous espérions croiser Jean-Louis Barrault.

On dansait beaucoup à cette époque. Le Moulin-Rouge concurrençait Le Moulin de la Galette et La

Crémaillère sur la place du Tertre. Dès l'âge de 14 ans, on y allait tous les dimanches. Nous nous étions cotisés pour payer des cours de danse au plus hardi d'entre nous, Gérard Gauvain, qui, en retour, nous apprenait gratuitement ce que lui avait enseigné la professeure de danse. Je me souviens de tangos intenses dans la petite cuisine de Gilbert Ozun, transformée en salle de danse : les meubles ont souffert !

Nous traînions dans les rues en échangeant quelques considérations sur Picasso quand nous passions devant Le Bateau-Lavoir, rue Lepic. Nous parlions de poésie en descendant vers la rue Saint-Vincent à côté du « Lapin à Gilles ». Nous évoquions Paul Éluard rue Ordener, et nous nous réunissions parfois chez Mathilde Casadesus au-dessus du square d'Anvers quand nous étions invités par Martine sa fille.

Je suis convaincu que ce bouillonnement artistique a joué un rôle important dans l'excellent développement des enfants de pauvres que nous étions.

Nous étions très politisés dans les années d'après guerre. La philosophie ne nous faisait pas peur et nous nous engagions dans des discussions très au-dessus de nos moyens. Ce que je viens d'écrire est faux : nous avions les moyens ! Je me souviens de Blumenthal qui, en sixième au lycée, m'expliquait que le progrès scientifique n'avait pas que des bénéfices. J'aimerais bien savoir ce qu'il en pense aujourd'hui. Je me souviens de Béranger, toujours à la recherche du beau et du drôle. Il est devenu chanteur. Je viens de lire des lettres que les enfants de l'OSE s'échangeaient après la guerre : « Il ne faut pas que le massacre des Juifs recommence. Pour cela, soyons forts et courageux dans le monde qui s'ouvre à nous... Il faut que nous réussissions à créer ce dont le monde rêve, l'égalité entre les hommes, la liberté de conscience, la suppression des classes[43]. » Ainsi parlait Charles Lew, 13 ans, foyer « Les Glycines ».

Edgar Morin, lui aussi élève de Jacques-Decour à l'époque d'avant guerre quand il s'appelait encore le lycée Rollin, écrit : « La politique fit irruption dans notre classe de cinquième en février 1934. Nous avions 13 ans [...]. Certains portèrent des insignes à la boutonnière, faucille et marteau communistes... [d'autres] la fleur de lys royaliste[44]. »

Enseignants et destinées

Les enseignants participaient à cette effervescence. Nous savions situer nos professeurs sur l'éventail des opinions politiques. Je suis étonné par le nombre d'enfants qui ont été marqués par Jean Baby. Il était professeur d'histoire et membre du comité central du Parti communiste. Je me demande pourquoi il était tant aimé. Était-ce sa minceur, sa distinction naturelle, sa gentille autorité ? Il lui suffisait de parler, je crois que c'est ça qui provoquait l'affection : sa manière de parler. Il faisait son cours, paisiblement, et nous ne sentions aucune crispation. Il s'interrompait parfois pour poser une question personnelle à un enfant, pour

43. Lendemains, OSE, *Lettres d'enfants publiées de juin 1946 à avril 1948*, Paris, 2000, tome I, p. 31.
44. Morin E., *Mes démons*, Paris, Stock, 1994.

savoir s'il se sentait bien, s'il avait eu le temps d'apprendre la leçon, il ramassait un papier, mettait un peu d'ordre sur une table chamboulée. Je me souviens avec enchantement des bavardages personnels qu'il m'avait offerts (c'est bien ça : « offerts »). « Vous avez le sens de l'histoire, m'avait-il dit. Vous devriez faire Sciences Po, c'est intéressant. » Je ne savais pas ce qu'était Sciences Po, je me suis renseigné, on m'a expliqué qu'on pouvait devenir chef de gare ou chef de produit dans une fabrique de soutiens-gorge ! Malgré mon amour pour l'histoire et mon estime pour Baby, j'ai préféré rêver à d'autres projets.

« Le bon prof, c'est celui qui a marqué notre destinée[45] », témoigne Camus qui, après avoir reçu le prix Nobel de littérature écrit une lettre à M. Germain : « Voilà, j'ai pensé à ma mère, mais aurait-elle compris ? Je n'ai pas connu mon père, et ça, vous le savez. Mais j'ai pensé à vous. »

Mon M. Germain à moi s'appelait Mousel. D'emblée, j'ai eu plaisir à l'écouter. Il nous parlait de latin et de littérature avec un bonheur contagieux. Nos relations ont curieusement commencé. Ma première « rédaction », comme on disait à l'époque, portait sur les relations entre les hommes et les femmes. Nous étions âgés de 16-17 ans, nous arrivions à l'âge où ce problème se pose. Mousel nous avait dit : « Savez-vous que la femme avec qui vous allez vous marier est déjà née ? Elle existe quelque part et vous allez vivre ensemble. Pensez-vous à ça ? » Je n'y pensais pas, mais

---

45. Rufo M., cité in N. Mascret, *N'oublions pas les bons profs*, Paris, Anne Carrière, 2012, p. 81.

je trouvais que les filles étaient des êtres merveilleux, elles étaient jolies à regarder et agréables à côtoyer. Pour le reste, on verrait plus tard. Si bien que j'ai organisé ma rédaction autour des tableaux que j'avais vus au Louvre (est-ce là qu'on exposait l'*Olympia* de Manet ?). En comparant les portraits de dames charpentées, de vigoureuses blanchisseuses et de soldates sacrifiées sur les barricades de toutes les révolutions, j'ai évité les stéréotypes qui affadissent ce problème et empêchent de le penser.

En rendant les copies, Mousel a dit : « Je n'ai pas donné de note à votre rédaction. Si la prochaine est bonne, je vous mettrai dix-huit sur vingt, si elle est mauvaise, je vous mettrai deux zéros. Il est impossible que vous ayez écrit cette rédaction tout seul. » Je crois me rappeler que j'ai éprouvé une émotion mêlée de fierté et d'inquiétude : plaisir d'avoir zéro (ma meilleure note) et inquiétude d'avoir à confirmer ce bon résultat. Il a été confirmé.

J'aimais entendre Mousel parler de littérature ou nous raconter en latin la vie quotidienne à Rome. J'aimais sa nostalgique gentillesse, endolorie presque. En m'envoyant au Concours général, il ne sait pas qu'il m'a fait un cadeau pour la vie. Quelqu'un reconnaissait ma valeur, quelqu'un authentifiait mes rêves !

J'habitais seul à Paris, à cette époque, l'année du bac. J'invitais des amis tous les soirs, afin qu'ils arrivent avec des biscuits et des bouteilles, ce qui constituait mon dîner. Le matin, j'attendais l'ouverture du marchand de vin, rue Ordener, afin de lui rapporter les bouteilles consignées dont le remboursement me permettait d'acheter un morceau de pain que je trempais dans de l'eau chaude parfumée d'un bouillon cube. Je tenais la journée avec ça.

Le matin du Concours général, le boulevard Saint-Michel était frais et silencieux. Je me souviens de la fatigue d'une nuit sans sommeil. J'étais en avance. Je suis entré dans le café qui faisait l'angle entre le boulevard Saint-Germain et le boulevard Saint-Michel et, incroyablement heureux, j'ai attendu.

Les candidats étaient rassemblés dans la salle de l'entrée principale de la Sorbonne. Un huissier nous appelait par notre nom et nous montions, un par un, l'escalier qui menait à la salle du concours, magnifique, plafond en bois sculpté, tableaux édifiants, pompeux.

J'ai écrit pendant six heures. Je n'ai eu aucun prix, mais l'essentiel m'avait été donné.

Le lendemain Mousel m'a dit : « C'était un sujet pour vous : "Comparez Balzac et Dostoïevski". » J'acceptais tout de lui, mais j'ai été étonné d'entendre que, dans son esprit, je vivais en France avec Balzac tout en me référant à mes origines russes avec Dostoïevski. Je ne m'étais jamais pensé autrement que comme Français et je découvrais que, dans l'esprit des autres, on pouvait m'estimer pas tout à fait français. Je comprenais pourquoi mes camarades de classe, avant un match de football France-URSS, m'avaient demandé : « Tu es pour qui toi ? Pour la France ou pour la Russie ? » Je ne connaissais rien de ce pays, ni de mes racines russes mais, dans l'esprit des autres, je devais m'y référer.

C'est une fille de 16 ans qui a eu le premier prix et sa dissertation a été publiée dans une page entière du *Figaro*. Debout, près du square d'Anvers, je l'ai lue plusieurs fois. C'était extraordinaire, clair, simple et d'une originalité qui m'enchantait. La lauréate expliquait que lorsqu'on invente un personnage de roman, dès la deuxième ligne, c'est lui qui nous entraîne. Il suffit de le suivre et de commenter ce qu'il fait. Je serais bien curieux de relire cet article soixante ans plus tard. A-t-elle vraiment écrit ça ? Est-ce moi qui lui attribue cette idée ? Peu importe, puisqu'elle était merveilleuse et lauréate.

Quelques semaines plus tard, Mousel, professeur principal, devait recueillir l'argent de l'inscription au bac : mille francs de l'époque, je crois. C'était très peu, je ne les avais pas. Il a retourné son chapeau, fouillé dans ses poches et mis un peu de monnaie. Puis il a fait le tour de la classe et tous les enfants ont fait de même.

Je ne sais que faire de ce souvenir. Je ne me suis jamais senti pauvre. Et pourtant, quand Max m'apportait le linge de son père, quand mes copains de classe se cotisaient pour me payer les droits d'inscription au bac, quand plus tard, rue de Rochechouart, je préparais les examens de médecine le soir, près de la fenêtre, à la lumière de la lune parce que je n'avais pas pu payer la facture d'électricité, logiquement, je devais être pauvre ! Dans mon âme, je ne l'étais pas. J'étais riche de mes rêves et du soutien de Dora et d'Adolphe. Quand c'était trop dur, je me réfugiais chez eux à Sannois, dans la banlieue parisienne. Sans un mot, sans un compte à rendre, ils ouvraient leur porte.

En 1948, en entrant dans ce lycée, je ne connaissais pas les drames qui s'y étaient joués. Je me mettais enfin à vivre normalement, à rencontrer des copains de 11 ans qui avaient les mêmes profs, les mêmes jeux et les mêmes leçons à apprendre. Je ne soupçonnais pas que les adolescents des grandes classes avaient connu la guerre eux aussi. Ces enfants de pauvres avaient presque tous des parents immigrés : Juifs d'Europe centrale, Arméniens et réfugiés espagnols. Nous n'en parlions jamais, nous n'étions que français. Les grands garçons des classes terminales s'étaient presque tous engagés dans les luttes sociales, d'abord avec des mots, puis avec des armes. À la fin de la guerre, un enfant sur trois avait disparu. Les Juifs avaient été déportés ou fusillés pendant la Résistance. Beaucoup de chrétiens qui militaient dans les JEC[46] ont payé de leur vie, dans les camps, eux aussi, et sous les balles des pelotons d'exécution. Quelques adolescents, désireux de s'engager, ont hésité entre les FTP communistes et les Waffen SS. Ce choix, aujourd'hui surprenant, n'était pas rare. Doriot, dirigeant du Parti communiste, avait fondé le PPF (Parti populaire français) partisan de la collaboration avec Pétain et les nazis. Puis, enflammé par la guerre, il s'était engagé dans l'armée allemande entraînant avec lui beaucoup de jeunes Français. Un lycéen est à l'âge où l'exaltation est si grande qu'il peut accepter de mourir pour une cause qu'il n'a pas eu le temps d'étudier[47]. Plusieurs grands enfants du lycée Jacques-Decour se sont engagés dans les Waffen SS. Ils sont presque tous morts, abattus à Lyon où la Résistance était forte, ou envoyés

---

46. JEC : Jeunesses étudiantes chrétiennes.
47. Thème du film *Lacombe Lucien* de Louis Malle. Ce film, vivement critiqué, expose pourtant une situation qui a existé.

sur le front de l'Est où le froid et l'Armée rouge ont tué ceux qui restaient. À la rentrée des classes à la fin de la guerre, un siège sur trois n'était plus occupé[48].

Dans ce contexte culturel, le courage physique était une grande valeur. Plutôt mourir qu'avouer sa peur. Ce courage morbide avait une fonction de réparation pour des enfants qui avaient besoin de prouver qu'ils n'étaient pas des sous-hommes. Les pères mettaient au service de patrons leur corps musclé de prolétaires, les mères gagnaient leur vie avec leurs bras de femmes de ménage, il fallait que les enfants, eux aussi, fassent preuve de courage. Les petits banlieusards ne se plaignaient jamais des quatre heures de transport quotidien. On n'en parlait pas, c'est tout. Je me demande s'il n'y avait pas une petite fierté à être pauvre et à combattre en silence. Se faire aider, c'est avouer sa faiblesse, n'est-ce pas ?

Ayant eu une enfance anormale, je ne me rendais pas compte que mon adolescence l'était aussi. Anormal ne veut pas dire pathologique. Nous avons tous un taux de sucre dans le sang qui doit être compris entre 0,90 et 1,10 gramme par litre. La majorité d'entre nous fera un malaise hypoglycémique à 0,70 gramme par litre. Certains, à 0,20 gramme par litre, continueront à vivre comme si de rien n'était. Ils sont statistiquement anormaux et pourtant parfaitement sains. C'est une impression de ce type que j'éprouvais : j'avais une histoire anormale, mais je ne me sentais pas malsain. Au contraire même, j'éprouvais une sorte de fierté (muette, bien sûr) de m'en être sorti, ce qui n'était

---

48. Matot B., *La Guerre des cancres, op. cit.*

pas vrai. Cette enfance m'avait poussé dans une direction où il y avait encore des tonnes de problèmes à résoudre. Mais le côtoiement constant de la mort m'avait donné un courage morbide : j'étais initié. J'avais vu la mort et j'en étais revenu. Impossible d'en parler, les normaux craignent les morts, ils ont peur des revenants.

CHAPITRE 5

PAROLES GELÉES

La famille Auriol a enchanté le début de nos études de médecine. Florence, qui allait devenir ma femme, était amie de Jean-Claude qui nous invitait dans cette bande familiale. Tout était beau chez eux. Leurs yeux bleus, leurs éclats de rire, leurs gestes, leurs discussions, leur manière de parler, leur logement, leurs meubles, tout était beau chez eux. Nous nous retrouvions régulièrement quai de Gesvres, au bord de la Seine, à travailler, à rire, à disputer de politique. Un mainate[1] dans sa cage imitait la sonnerie du téléphone, puis la voix de Jacqueline Auriol appelant son fils : « Jean-Paul ! Téléphone ! » Le fils accourait, tout le monde riait, l'oiseau impassible n'ajoutait pas un mot.

---

1. Mainate : passereau noir de Malaisie, au bec orangé. Il peut chanter *La Marseillaise* et imiter la parole humaine avec un talent étonnant.

*L'empreinte du passé
donne un goût au présent*

Une fois par an, Vincent Auriol recevait de Revel, son village natal près de Toulouse, un énorme cassoulet qu'il nous invitait à partager. Il s'asseyait dans un fauteuil, on le servait, les adultes prenaient les chaises et les jeunes se mettaient où ils pouvaient. La fête culinaire, affectueuse, amicale, et les discussions duraient jusqu'à 2 heures du matin.

Je rentrais à pied dans ma petite chambre rue de Rochechouart, près de Barbès. Pour dormir, je m'enroulais une jambe de pantalon autour du cou, l'autre autour de la tête, car les murs étaient glacés. Le réveil sonnait à 4 heures, et je rejoignais Adolphe au marché d'Argenteuil. J'aimais beaucoup ce contraste qui me donnait l'impression de vivre intensément. Chaque situation soulignait l'autre, mais à qui en parler ? Les Auriol se seraient intéressés à mon enfance. On aurait parlé de guerre, de nazisme, de persécution, d'orphelinage et de misère. Je n'en étais pas capable et ça aurait brisé le charme de leurs soirées. Dora et Adolphe aussi auraient été intéressés par les Auriol. Ils m'auraient posé quelques questions et, intimidés, ils auraient pensé que je les trahissais en n'appartenant plus à leur monde. Alors, je ne partageais pas cette expérience agréable. Sur le marché, j'étais marchand, et chez les Auriol je faisais l'intellectuel, je commentais le vin comme il convient et pleurais de rire quand le mainate imitait la sonnerie du téléphone.

J'étais double. Après quelques années difficiles au début de mes études, j'ai fini par devenir médecin et spécialiste en neuropsychiatrie, comme j'en rêvais. Cette réussite est un bénéfice secondaire de mon clivage névrotique. Si j'avais été équilibré, je n'aurais pas fait d'études, pas dans ces conditions en tout cas. Je n'avais pas peur de me faire mal en travaillant trop, en supportant de lourdes conditions d'existence. L'empreinte du passé m'avait appris que surmonter la souffrance mène à la liberté : « Souffrir devient une forme d'existence, une façon d'échapper au pouvoir de l'autre[2]. » Tout rêve d'avenir métamorphose la manière dont on éprouve le présent. Est-ce à dire que le rêve rend capable de mépriser la souffrance ?

De nombreuses études ont été réalisées pour savoir ce qu'étaient devenus les jeunes survivants des camps de la mort, cinquante ans après[3]. En Europe, on estime à deux cent mille le nombre d'enfants juifs ayant survécu à la guerre (il y en avait deux millions à la fin des années 1930). La plupart ont connu une enfance incroyable, une cascade de traumatismes, d'agressions physiques et psychiques.

Quelques-uns ont été heureux pendant la guerre, parfois même plus heureux que lorsque la paix est revenue. Serge Erlinger écrit : « Chère Romaine, cher Eugène, Comment vous remercier, aujourd'hui que vous n'êtes plus là, pour la tendresse que vous m'avez

---

2. Jeammet P., « Souffrir pour exister : conduites pathologiques à l'adolescence », *Abstract Psychiatrie*, avril 2005, n° 6.
3. Weill M., « Camps de la mort : 50 ans après », *Abstract Neurologie et Psychiatrie*, n° 120, septembre-octobre 1994.

donnée pendant ces quatre années auprès de vous.
Séparé de mes parents et de mon frère, confié à vous
par l'Assistance publique pour échapper à la barbarie
nazie, j'ai pourtant vécu avec vous, grâce à vous, des
années parmi les plus belles de ma vie[4]. »

Je ne me souviens plus du nom de cette femme
qui m'expliquait qu'elle avait passé quatre ans au
paradis, seule avec sa mère, dans une petite chambre
à Paris, tandis que son père luttait contre la mort
dans un camp d'extermination. À la Libération, il
est revenu maigre, hagard, sombre avec des explosions
de violence. « Il a amené l'enfer à la maison, me
disait-elle. Je l'ai détesté. J'ai pensé que, puisqu'il
n'était pas mort, c'était la preuve qu'il avait pactisé
avec les nazis. »

La mère de Serge n'a pas amené l'enfer, mais
quand elle est venue chercher son fils à la Libération,
il lui a donné des coups de pied car, en aimant son
fils, elle risquait de briser l'attachement qu'il avait tissé
avec Romaine et Eugène. Elle a eu le talent de préserver ce lien.

Quand Dora est venue me chercher au Gai Logis,
à Villard-de-Lans elle a, sans le vouloir, provoqué mon
exclusion du groupe dans lequel j'étais accepté. Ils
priaient tous ensemble, tandis que moi, contre le mur,
je me retrouvais seul, à nouveau.

La structure du trauma structure le psychisme et
l'histoire attribue des significations opposées à une
même situation.

---

4. Erlinger S., *Parcours d'un enfant caché (1941-1945). Une enfance aux Mardelles*,
Paris, Éditions Le Manuscrit, 2012.

Pour la plupart de ces enfants, la guerre a été une horreur. C'est le clivage de leur personnalité, sous l'effet d'un contexte menaçant, qui leur a donné un courage morbide : trois cents personnes ont été retrouvées, en 1994, cinquante ans après avoir subi le fracas de la guerre[5]. Presque toutes avaient connu après la guerre quelques années dépressives, sauf celles qui avaient réalisé une action héroïque, un acte de résistance ou un événement qui avait pu leur donner une bonne opinion d'elles-mêmes. Toutes éprouvaient une hypermémoire muette. Dépressives ou non, elles ne pensaient qu'à ça et n'en parlaient jamais. Le trauma de leur enfance était devenu un nouvel organisateur de leur personnalité. Cet encryptage avait créé un monde psychique douloureux en même temps qu'une réussite professionnelle exceptionnelle[6]. Elles ne craignaient pas la souffrance et savaient qu'en la surmontant, elles gagneraient leur liberté. Triste victoire d'un vainqueur blessé. Celles qui ont été trop blessées sont restées prisonnières du passé, souffrant sans cesse d'un passé toujours présent. Leur mémoire n'a pas fait son travail de repousser l'événement dans le passé. Leur blessure saigne encore.

---

5. Weill M., « Camps de la mort : 50 ans après », art. cit.
6. Robinson R. *et al.*, « The present state of people who survived the Holocaust as children », *Acta Psychiatrica Scandinavia*, 1994, 89, p. 242-245.

Quelques tuteurs de résilience

Après la guerre, l'école n'avait pas l'importance qu'elle a aujourd'hui. Il fallait apprendre à lire, à écrire, à compter et vite trouver un travail. Le corps nous socialisait : quand on était paysan, il fallait résister au froid, au soleil, à la boue, se courber vers le sol et faire sans cesse des efforts physiques. Quand on était ouvrier, il fallait rester debout et exécuter rapidement des gestes stéréotypés. Au lycée, nous pouvions continuer à développer nos personnalités car nous avions de nombreuses occasions de nous rencontrer. C'est dire que les compagnons de même âge participaient à la poursuite de notre développement. Nous échappions au façonnement psychologique de nos parents dès que les circonstances sociales nous permettaient de nous intégrer dans une petite bande extrafamiliale. Au lycée, lieu d'instruction programmée, s'ajoutait dès l'âge de 11 ans une éducation implicite[7] qui échappait aux parents. Les profs offraient souvent des modèles identificatoires et les pairs pouvaient servir de tuteurs de résilience implicite[8].

Mon tuteur de résilience implicite pendant les premières années de lycée s'appelait Gilbert Ozun. Nous habitions le même quartier, lui un grand appar-

7. Pourtois J.-P., Desmet H., *L'Éducation implicite*, Paris, PUF, 2004.

8. Emilio Salguiero (Lisbonne) distingue les tuteurs de résilience explicite (psychologues, éducateurs) qui se proposent à l'enfant, alors que les tuteurs de résilience implicite sont plutôt choisis par l'enfant (sportifs, artistes ou pairs).

tement près de la porte de Clignancourt, moi un deux pièces rue Ordener. Dora venait de se séparer d'Émile, ce qui représentait pour moi une centième déchirure affective. Gilbert a été ma première stabilité amicale. Nous rentrions à pied du lycée et ne cessions de bavarder. Il était bon élève, bon footballeur et chef de classe, vous voyez le genre. Je séchais les cours de gym afin de m'entraîner au rugby selon mes propres méthodes que je jugeais meilleures. Il m'expliquait qu'il valait mieux écouter le prof, prendre ses distances et faire des moulinets avec ses bras afin d'« avoir le dos bien plat ». N'allez pas croire que c'était un soumis, un élève fade. Après avoir été bon élève, il a décidé de devenir groom dans un grand hôtel, a reçu une paire de gifles de sa mère, est venu se réfugier chez moi, a repris ses études et est devenu l'un des meilleurs noms de la chirurgie plastique française.

Quand Mousel m'a envoyé au Concours général, je n'ai pas pu le préparer parce qu'il n'y avait pas de livres à la maison. Je connaissais par cœur les livres militants que m'apportait Jacquot pour me convaincre de la dégradation des sociétés capitalistes. Allez passer un Concours général avec ça ! À la bibliothèque de la mairie du XVIIIe arrondissement, près de Jules-Joffrin, on refusait de me prêter des livres en m'expliquant que, puisque je n'avais pas 18 ans, je n'avais droit qu'à la Bibliothèque rose. Moi qui récitais des passages entiers de Zola, de Jules Vallès, quelques phrases de Marx et de Jeannette Vermeersch, je trouvais guimauve la Bibliothèque rose. Le règlement de la bibliothèque me protégeait de la lecture, source de toutes les pollutions morales. Alors Gilbert détournait quelques

livres des rayonnages de son père, un instituteur qui
lisait les fables érotiques de La Fontaine, illustrées par
Dubout[9], où l'on voyait des religieuses en cornette se
faire saillir par un âne et des curés dansant la bacchanale
avec des filles de joie, c'est-à-dire de mauvaise vie.
Vous comprenez pourquoi je n'ai pas eu de prix au
Concours général.

C'est vraiment Gilbert qui a cadré mes années
de lycée, par son travail régulier, son application de
bon élève, ses heures passées avec moi devant les versions latines, nos parties de football et de pelote basque
contre un mur à peu près lisse, nos balades à vélo
jusqu'à Jumeauville, chez son père où nous vidions ses
bouteilles, à moitié seulement. Puis on les remettait à
niveau en ajoutant de l'eau, convaincus qu'il ne s'en
rendrait pas compte. Nous avions quelques progrès à
faire en œnologie.

Quand Dora et Adolphe sont partis s'installer à
Sannois, je suis resté à Paris, ce qui a préservé mon cadre
avec Mousel, le lycée et Gilbert. J'allais souvent à
Sannois, où je côtoyais une autre bande d'adolescents.
J'avais passé à Versailles l'examen de maître-nageur-
sauveteur afin de gagner un peu d'argent l'été, ce qui
m'a rapproché de la piscine d'Ermont, la ville voisine.
Dans cet autre contexte, aurais-je fait des études ? Les
maîtres-nageurs étaient sympathiques, mais d'autres
copains de quartier m'expliquaient qu'« un homme, un

---

9. J'ai écrit Dubout parce que c'est ainsi dans ma mémoire. Je me vois chez
Gilbert, feuilletant un grand livre avec ce dessin particulier. Mais je crois que
Dubout n'a illustré que Rabelais, Villon et Pagnol. J'ai dû, comme tout le monde,
faire converger deux sources différentes de mémoire d'image.

vrai, va au chantier pour gagner la vie de sa famille. Il
n'y a que les filles et les pédés qui font des études ».

Je ne me suis pas laissé convaincre. J'ai suivi
mon chemin. Il a été difficile, surtout lors des premières années de médecine. Je ne touchais pas de
bourse, je devais travailler et trouver un autre job
chaque fois que le stage à l'hôpital changeait. Si
j'avais été équilibré, je n'aurais pas eu besoin de ce
rêve fou : devenir psychiatre ! Vous vous rendez
compte ? La démission m'a parfois tenté, parce qu'elle
était tranquillisante. Faire les marchés, ce n'est pas
désagréable ! J'aurais eu des copains, j'aurais fondé
un foyer moi aussi. En fait, j'étais aliéné, possédé
par mon rêve, il fallait que je tienne. Gilbert m'a
montré la voie en s'inscrivant en médecine, mon courage morbide a fait le reste.

Chaque rencontre nous modifie, mais on ne rencontre pas au hasard. Je n'ai pas rencontré le plâtrier
qui me disait qu'il n'y a que les filles et les pédés qui
font des études, je l'ai croisé, c'est tout. Il m'a étonné,
mais pas convaincu. Ce n'était pas une rencontre
puisqu'il ne m'a pas détourné de mon chemin. Il n'a
pas marqué son empreinte en moi, sauf celle d'une
phrase étonnante qui caractérisait son groupe d'adolescents.

On change de style relationnel quand on change
d'amis. On change de projets quand on change de
milieu. Bien sûr, ce changement se fait à partir de ce
qu'on était déjà. C'est une inflexion, ce n'est pas
une métamorphose, mais c'est suffisant pour modifier le cours de notre existence. Une vraie rencontre

provoque une influence réciproque. Deux mondes intimes interagissent et chacun modifie l'autre[10]. Chaque sujet répond à l'idée qu'il se fait de lui-même, mais cette représentation de soi s'exprime différemment selon le contexte familial et culturel. Avec une même histoire et les mêmes événements, un sujet peut se taire dans un milieu et beaucoup parler dans un autre. Mais quand on a été blessé dans son enfance, la crypte qui s'est installée dans notre âme est difficile à déverrouiller.

L'année de mes 13 ans, j'ai habité quelques mois chez les Sergent, j'ignore pourquoi. Ce couple de journalistes m'a hébergé rue Raynouard, près du Trocadéro, vous vous rendez compte ? On disait qu'elle était belle comme Marlene Dietrich, avec sa chevelure blonde qui descendait jusqu'à la taille. Lui était très simple et très souriant. On se séparait le matin, ils partaient à la radio, j'allais au lycée. On se retrouvait le soir, quelqu'un nous servait le repas. C'est tout.

Le dimanche, je prenais mes patins à roulettes pour dévaler les escaliers du Trocadéro. Je retrouvais quelques gamins qui venaient des autres quartiers pour patiner sur les esplanades. Les enfants des beaux quartiers sont rarement seuls dans la rue. À Montmartre, c'est dans la rue que nous apprenions à jouer, à parler et à trouver les petits jobs qui nous permettaient de gagner quatre sous. Le soir quand nous étions sales et en sueur d'avoir patiné toute la jour-

---

10. Kirkpatrick L. A., Hazan C., « Attachment styles and close relationships : A four-year prospective study », *Personal Relationships*, 1994, 1, 2, p. 123-142.

née, nous allions nous baigner dans la Seine, au pied des marches, sous le pont d'Iéna.

Un autre souvenir m'amuse encore aujourd'hui. Les Sergent parlaient beaucoup d'un chanteur qu'ils voulaient enregistrer pour la radio. Ils avaient installé dans la salle à manger de leur appartement au rez-de-chaussée une ou deux grosses machines. Un technicien s'était posté au milieu de la rue pour prévenir au cas où une voiture passerait. Aucune voiture n'a dérangé le chanteur, et Jean Sablon a pu tranquillement enregistrer :

> « Pourquoi m'avoir donné rendez-vous sous la pluie,
> Petite aux yeux si doux, trésor que j'aime.
> Tout seul, comme un idiot, j'attends et je m'ennuie
> Et je me pose aussi quelques problè-èmes. »

Après quelques mois passés chez les Sergent, dans un logement confortable d'un des plus chics quartiers de Paris, je suis revenu avec plaisir dans le deux pièces d'Adolphe et Dora. Il y avait plus de vie chez eux. Malgré leur gentillesse, leur beauté et leur culture, je n'ai pas rencontré les Sergent, j'ai logé chez eux, aimablement.

Période sensible
quand le vent tourne

Une période sensible de mon enfance, celle où tout d'un coup s'imprègne au fond de soi une image qui donne sens à l'existence, a été réalisée à Stella-Plage, une colonie de vacances de la CCE[11]. Jacquot y avait pris une place de moniteur et m'avait inscrit pour l'été. J'avais 14 ans et, pour la première fois de ma vie, je vivais dans un milieu juif. Pas un mot sur le judaïsme. Uniquement des récits sur l'histoire du peuple juif, sa culture, ses chansons et ses rêves d'avenir. Une judéité sans Dieu, ça me convenait. Beaucoup d'histoires de Résistance, de philosophie, de littérature, de musique. On ne m'avait jamais parlé comme ça de la condition juive : magnifique, grave, gaie, passionnante. Pas un mot sur l'extermination.

Même ceux qui avaient encore des parents ne connaissaient presque rien du judaïsme : quelques fêtes, dites religieuses, servaient de prétexte à des rencontres familiales, quelques citations littéraires ou philosophiques, juste pour le plaisir de se référer à de grands hommes juifs.

L'essentiel des journées était consacré au sport et à la préparation des veillées où s'élaboraient les idées et les thèmes de notre existence. On y parlait plus de luttes sociales et d'histoire des peuples que de religion. Nous savions tous que nous étions juifs mais personne ne savait ce que c'était qu'être juif. Décidément, ça me poursuivait. Nous nous sentions en famille, nous pouvions donc nous intéresser à autre chose.

Deux femmes dynamisaient cette petite institution : Louba et Ana Vilner. Leur présence était

---

11. CCE : Commission centrale de l'enfance. Fondée après la guerre pour recueillir des orphelins juifs et organiser des colonies de vacances. À peu près quinze mille enfants y ont été accueillis.

un événement, elles ne cessaient de nous inviter à jouer, réfléchir et danser. Elles nous apprenaient à chanter :

> « Ô terre de détresse
> Où nous devons sans cesse
> Piocher... Piocher...
> Mais un jour reviendra la vie
> Le printemps refleurira... »

J'entendais dans cette chanson une allusion au fracas de la guerre et à l'espoir renaissant.

J'aimais aussi la complainte yiddish :

> « *Es brennt, Es brennt, O briderler, Es brennt*[12]. »

Ça me convenait qu'on parle de nos souffrances, sous forme d'une allusion vite transformée en chanson ou poésie, seule manière d'en parler. Raconter la souffrance sans la métamorphoser ne pouvait que l'entretenir, comme une plainte. Il fallait au contraire faire quelque chose de sa blessure. Pour ça, le communisme paraissait une arme efficace, et notamment la Résistance.

On parlait beaucoup plus des FTP[13] que des Éclaireurs israélites, non communistes et religieux, qui avaient combattu dans les FFI et fondé l'Organisation juive de combat à Toulouse.

Une chanson glorifiait cette résistance :

---

12. « Ça brûle, Ça brûle, Ô petit frère, Ça brûle. »
13. FTP : Francs-tireurs partisans, composés à 90 % de Juifs communistes et de 10 % d'Arméniens et autres chrétiens.

« Ami, entends-tu le vol noir des corbeaux sur nos plaines
Ami, entends-tu les cris sourds du pays qu'on enchaîne
Ohé, partisans, ouvriers, paysans, c'est l'alarme[14]… »

Ces chants provoquaient en moi une délicieuse
tristesse. D'accord, il y avait eu la guerre, l'incendie,
la terre de détresse et le pays que l'on enchaîne. Mais
le printemps refleurira, l'alarme sortira de la paille les
fusils et la mitraille de la libération. L'épopée, je vous
dis. La beauté, la liberté, voilà en termes simples ce
que j'éprouvais quand nous chantions nos blessures
avec nos voix d'enfants.

Pendant la journée, il fallait bouger, jouer et faire
du sport. Le soir, il fallait parler et regarder les spec-
tacles où nous devions mettre en scène les thèmes de
nos réflexions.

Un après-midi où nous avions longtemps marché dans la forêt, les enfants se sont assis autour de
Jacquot qui a raconté… sa résistance ! Graves et pas-
sionnés, nous écoutions sans un mot. J'aurais dû dire
« *ils* écoutaient sans un mot » parce que moi, j'étais
désorienté. « Il peut raconter en public ce qu'il ne
dit pas en privé ! Il peut chercher les mots, les enchaî-
nements d'images qui lui permettent de partager son
expérience, alors que, dans la vie de famille, il ne
fait pas ce travail de mise en commun de l'existence ! » J'étais heureux, fier, étonné et confus, donc
muet !

À Stella-Plage, on m'avait demandé de partager
la chambre avec un petit copain du lycée Jacques-

---

14. *Chant des partisans*, de Joseph Kessel et Maurice Druon.

Decour. Nous n'avons pas tergiversé : nous sommes tombés amis. Dans la journée, nous organisions les expositions de peintures, les décors floraux sur les murs, les manifestations en faveur des mineurs dont la grève se poursuivait. Roland contestait tous les ordres de Louba et d'Ana en disant qu'il ne fallait pas se laisser manipuler par les adultes. J'étais beaucoup plus détaché que lui. Je n'avais pas besoin de m'opposer pour me déterminer. Nous discutions, nous argumentions à longueur de nuit. Il ne ratait pas une occasion de rire, ce qui d'ailleurs était, pour lui, une forme de contestation. Quand un ordre lui déplaisait, quand un argument l'irritait, il riait tellement que ça lui donnait la victoire.

Il aimait dire que Topor signifiait « la hache » en polonais. « C'est pour ça que mon père a dû fuir la Pologne, ajoutait-il. Pour ne pas être haché. » Alors quelqu'un, inévitablement, demandait : « Il a fui les pogroms ? – Non, précisait Roland Topor. Il a fui les Juifs pieux qu'il ne pouvait plus supporter. » Et il éclatait d'un rire tonitruant. « Éclater », c'est le mot car, devant la sonorité de son rire, on ne pouvait rien objecter.

Pendant quelques mois, nous avons partagé la chambre, les rêves et les discussions nocturnes à n'en plus finir. Puis, nos chemins ont divergé.

Je me levais tôt pour gagner un peu d'argent avant d'aller à la fac. Il se levait tard pour gagner la sienne. Alain Lavrut, un copain de lycée, avait trouvé un travail de laveur de carreaux et m'avait fait entrer dans l'entreprise. Après le bac, inscrit en PCB[15], il

---

15. PCB : « physique, chimie, biologie ». Anciennement année préparatrice aux études de médecine.

suffisait de se lever à 4 heures du matin, pédaler la nuit à travers Paris désert, pour arriver dans les beaux immeubles des Champs-Élysées où nous avions trois heures pour gratter les parquets et laver les carreaux avant l'ouverture des bureaux. Il fallait alors sauter à nouveau sur le vélo, pédaler à travers les embouteillages pour arriver à Jussieu vers 9 heures et suivre les cours jusqu'à midi. J'allais parfois réveiller Roland vers 13 heures. Il se levait et prenait dans l'ordre un verre d'eau, un café et un bifteck-frites.

Son père était un homme adorable, il avait toujours une remarque amusante à faire, une sorte de philosophie de la dérision. Il était maroquinier-poète. Chaque fois qu'il vendait un article en cuir, il offrait à l'acheteur un petit recueil de poèmes qu'il avait fait imprimer à compte d'auteur. Roland disait : « Plus il vend de porte-monnaie, plus nous sommes pauvres. »

Ce n'est qu'après sa mort que j'ai découvert que Roland avait eu une enfance comparable à la mienne[16]. Son père, Polonais amoureux de la France qui a honoré Chopin et Adam Mickiewicz, a eu la chance d'échouer à un concours de sculpture. Il n'était que deuxième, si bien qu'au lieu de recevoir une grosse somme d'argent, il a décroché une bourse de six mois pour étudier à Paris. Quand la guerre a éclaté, il a été convoqué au commissariat par la police de son pays d'accueil et non pas par l'occupant allemand. Il a été arrêté et enfermé à Pithiviers. Roland est allé le voir emprisonné, comme j'ai vu mon père une dernière fois

---

16. Vaillant F., *Roland Topor ou le Rire étranglé*, Paris, Buchet-Chastel, 2007.

au camp de Mérignac. Pendant tout le reste de la guerre, Roland a été traqué, comme je l'ai été : « Je n'avais pas 5 ans, dira-t-il plus tard, que j'avais déjà toutes les polices de France à mes trousses. » Nous n'en avons jamais parlé !

Début de ma carrière politique à 14 ans

Après Stella-Plage et sous l'influence de Jacquot, j'ai décidé de prendre ma carte à l'UJRF[17]. Le communisme me paraissait la seule noblesse : l'URSS avait écrasé le nazisme, le communisme parlait d'égalité, de lendemains qui chantent et de paix sur le monde. Pendant ce temps, les Américains faisaient la guerre en Corée, puis au Vietnam où ils lançaient du napalm sur des villages de paysans. Devant un tel choix, auriez-vous hésité ?

L'Armée rouge chantait divinement bien, les fêtes communistes étaient un enchantement d'amitié et de gaieté. Sur la place du Trocadéro, des cars entiers amenaient les ouvriers venus d'Aubervilliers pour assister à *Lorenzaccio* où Jean Vilar et Gérard Philipe enthousiasmaient les foules avec un décor très simple. Nous allions écouter *L'Opéra de quat' sous*, nous pratiquions les sports de nature, le camping à Fécamp, l'escalade à Fontainebleau, le ski bon marché à

---

17. L'UJRF, l'Union des jeunesses républicaines de France, est devenue le Mouvement de la jeunesse communiste en 1956.

Valloires, et le tour d'Angleterre en auto-stop dans les auberges de jeunesse. Nous préparions la réunion hebdomadaire dans un local, rue de Navarin, près du cirque Medrano. Les filles des lycées voisins participaient aux débats où nous discutions de grèves, d'art, d'histoire, de l'Union soviétique, de la paix et de la prospérité qu'elle allait apporter au monde. Pendant ce temps, les Américains bombardaient la planète et établissaient entre eux des rapports de hiérarchie : malheur aux pauvres ! Comment pouvait-on ne pas être communiste ?

J'aimais beaucoup ces réunions de l'UJRF. Nous les préparions en lisant *L'Humanité*, en allant au théâtre, en se disputant avec les gens d'extrême droite. Il fallait faire preuve d'érudition et de vivacité de repartie. Je ne savais pas que dans ce lycée un élève sur trois était juif. Nous n'en parlions jamais, ce n'était pas une valeur. Ce qui comptait dans l'après-guerre, c'était d'avancer, de tenter une aventure humaine. En avant !

Deux petites ombres altéraient pourtant ce paysage idyllique. Les réunions n'étaient pas toujours exaltantes. Il fallait parfois regarder les films « réalistes socialistes » et, comme nous étions tenus d'en dire du bien, il nous est arrivé d'admirer, pendant des heures, un robinet gouttant dans une casserole vide. C'était socialiste, parce que la casserole était celle d'un pauvre, et c'était réaliste, parce qu'on pouvait longuement observer les gouttes qui tombaient dedans. Les discussions étaient moins vives après de tels films.

« Depuis quelques années, on a démontré qu'un impact psychique majeur était transmissible sur plusieurs générations par des modifications dites épigénétiques. On a non seulement une transmissibilité héritable bien prévisible par le contexte familial lui-même, mais aussi une transmission héréditaire réelle, heureusement assez labile[18]. » Mitchourine et Lyssenko, amis de Staline, soutenaient que le milieu modifiait l'hérédité des caractères acquis. Ce qui signifiait implicitement qu'une société bien organisée, c'est-à-dire communiste, rendrait les gens heureux et en bonne santé à travers les générations. Un professeur d'université, biologiste connu, venait nous expliquer que la pensée parfaite de Lénine et de Staline nous apporterait la santé et le bonheur.

Pendant ce temps, le journal *L'Aurore* publiait des témoignages sur l'immense misère sociale et intellectuelle des pays communistes qui contredisait ce professeur. C'est alors que les premiers films en couleurs sont sortis en France : ils étaient soviétiques, nous expliquait-on, prouvant ainsi que la technologie communiste était meilleure que celle des capitalistes[19] !

Notre petit groupe de jeunes communistes devait donc célébrer cette victoire. Dans les années 1950, il y avait près de Barbès un immense cinéma, appelé le Louxor parce que son décor évoquait

---

18. Bustany P., « Neurobiologie de la résilience », *in* B. Cyrulnik, G. Jorland, *Résilience. Connaissances de base, op. cit.*, p. 59.
19. Nous acceptions cette affirmation qui évitait de citer, entre autres, *Robin des Bois* (1938), *Le Magicien d'Oz* et *Autant en emporte le vent* (1939).

l'Égypte. C'est là qu'ont été projetés les premiers films soviétiques en couleurs ! Dans ces films, tout était pastel, doux et clair, comme la guimauve, qui est molle et sucrée. Dans l'une de ces saynètes, on voyait deux jeunes gens se déclarer leur flamme devant un tracteur orange sur fond de coucher de soleil rose. Ayant peu de moyens, le jeune couple décidait de demander conseil au camarade Staline. Le Petit Père des peuples les recevait dans son bureau, vêtu d'une veste blanche au col fermé, à la russe. Après les avoir affectueusement écoutés, Staline leur disait : « Avant de vous marier, mes enfants, attendez la fin du plan quinquennal. »

Nous doutions de la réalité de cette scène. Mais plusieurs professeurs communistes que nous admirions nous ont expliqué que ça se passait ainsi dans les démocraties populaires. On attribue même à Roger Garaudy d'avoir répondu que, selon la théorie d'Ivan Mitchourine, pape de la biologie végétale et ami de Staline, la société communiste était si bien organisée que les vaches produisaient plus de lait. Il n'est pas faux de dire qu'une vache non stressée donne plus de lait, mais est-ce le régime communiste qui la sécurise ?

Après deux années de militantisme studieux et d'exposés savants extraits de *L'Humanité* ou de *L'Avant-Garde*, j'ai été récompensé par une délégation au Festival de la jeunesse qui, en 1953, se tenait à Bucarest. Après plusieurs jours de voyage où nous avons adoré nous faire peur (« La frontière est infranchissable… nous allons être emprisonnés par les Américains »), nous sommes finalement arrivés. Première surprise à la gare : des hommes au garde à vous, en bleus de travail, nous attendaient pour porter nos valises. Quand nous avons refusé, ils nous ont dit qu'ils étaient réquisitionnés pour faire ce travail et l'un d'eux, dans un français approximatif, a expliqué que puisque le communisme avait organisé une société parfaite et qu'ils avaient été désignés pour être en bas de l'échelle, il était normal qu'ils obéissent.

Dans la rue, on agitait des drapeaux, on nous souriait, on nous baragouinait en franco-roumain. C'était la fête. Nous dormions à l'école polytechnique sur des lits de camp, et je partageais le « dortoir » avec de jeunes normaliens. En quelques jours, déchiffrant les journaux, ils avaient appris suffisamment de mots pour se débrouiller en roumain. Dans la rue nous étions souvent attirés dans des recoins où, avec des regards inquiets, quelqu'un nous expliquait que la police était partout, puis nous demandait de lui vendre notre blue-jean.

Fin de ma carrière politique à 16 ans

La police était en effet présente dans la rue, dans les manifestations, et même dans les théâtres. Un soir, j'étais en retard pour le spectacle et toutes les places étaient déjà prises. Un policier, qui avait demandé mon adresse, a voulu démontrer son amitié. Il m'a entraîné vers les meilleurs fauteuils et d'un revers de main a fait lever un spectateur pour me donner son siège.

Beaucoup de Roumains avaient lutté contre le nazisme dans les FTP en France. Jacquot m'avait donné quelques adresses de résistants que j'ai voulu rencontrer. Sur le palier, les voisins me disaient en faisant avec la main un signe d'évacuation : « *Sanatorium, sanatorium, Militsia.* » Je me suis étonné qu'il y ait tant de tuberculeux parmi les résistants et j'ai demandé pourquoi il fallait que la police les emmène se faire soigner. J'ai mis longtemps à comprendre que « sanatorium » signifiait « asile psychiatrique ». Certains anciens résistants étaient en prison après avoir eu des responsabilités gouvernementales et d'autres avaient simplement disparu.

Un dimanche matin, avant d'assister à un spectacle politico-sportif avec défilés, oriflammes et danses de groupe, nous avons été invités à une manifestation à laquelle nous étions tenus de participer. Mes copains de la rue d'Ulm et moi, jeune lycéen, nous nous sommes retrouvés au milieu d'une foule rassemblée par profession où nous avons scandé : « *Georghiu Dedj luptator pentru pace și popor*[20]. »

Avec d'autres copains de chez Renault, nous avons visité une usine. La porte principale était entourée de grandes photos décorées de lauriers. Les jeunes ouvriers se sont intéressés aux cadences et ont dit : « Si les stakhanovistes de cette usine devaient travailler chez Renault, ils seraient renvoyés pour paresse. » Dans les tranchées de travaux publics, des femmes couvertes de boue, surveillées par un petit contremaître qui sifflait la cadence, soulevaient de lourds tuyaux. D'autres

---

20. « Georghiu Dedj, défenseur de la paix et du peuple. »

femmes, avec des pelles et des pioches, somnolaient sur le gazon des jardins. Quand notre interprète les a taquinées : « Ça va ? Vous ne vous fatiguez pas trop ? », elles ont répondu en riant : « L'État fait semblant de nous payer, alors, nous, on fait semblant de travailler. » L'humour est une forme de résistance sous toutes les dictatures.

J'ai voulu visiter la faculté de médecine. Quelques étudiants nous ont raconté que l'épreuve la plus sélective en médecine n'était pas l'anatomie, la biologie ou la clinique comme on aurait pu s'y attendre, c'était la dissertation sur le marxisme. Quelques étudiants désireux de devenir médecins faisaient le signe de croix avant de passer cet examen. Ils se signaient en cachette parce que la religion était combattue. Sur une banderole, on pouvait lire : « Le chromosome est une invention bourgeoise destinée à légitimer le capital. » Lyssenko, pour renforcer l'idéologie de son ami Staline, interdisait de croire en l'existence de chromosomes qui risquait d'évoquer une nature humaine. Seule l'organisation sociale communiste valait la peine d'être pensée. Curieux matérialisme[21].

La plupart de mes amis normaliens étaient troublés. Alors l'un d'eux a expliqué : « Quand on fait la révolution, on ne fait pas d'omelette sans casser des œufs. » J'ai pensé que les œufs étaient des millions d'êtres humains.

---

21. Lecourt D., *Lyssenko. Histoire réelle d'une « science prolétarienne »*. Avec un avant-propos étonnant de Louis Althusser, qui parle de « gigantesque erreur [du marxisme], enterrée après ses millions de victimes » (Paris, François Maspero, 1976, p. 14).

On nous arrêtait dans la rue pour nous murmurer des phrases que je comprenais mal : « occupation russe », « police omniprésente », « impôt sur la viande », « école interdite aux enfants de bourgeois »…

Ce fut cependant une expérience humaine magnifique. Les Roumains adoraient la France, leur musique était vive, la Perenitza faisait danser les gens dans la rue, l'opéra chinois nous bouleversait par sa beauté et tous les passants exprimaient leur amitié. Je suis rentré en France, mûri par cette aventure, mais fortement troublé.

Quand j'ai fait mon rapport à l'UJRF dans le local de la rue de Navarin, mes amis que j'aimais et qui avaient enchanté mon adolescence se sont tus. Même Jeannette, dont j'attendais le soutien, a détourné son regard. Alors, j'ai voulu poser quelques questions aux responsables, dire mon étonnement, sans agressivité. Paul Laurent, alors secrétaire national de l'UJRF, m'a répondu que j'étais trop jeune et que je n'avais pas su voir.

De retour au lycée, j'ai dit mon désarroi à Jean Baby, le professeur que j'admirais. Il ne m'a pas cru et a dit qu'il fallait se méfier de la propagande réactionnaire. Je retrouvais la même impossibilité de parler de mon expérience que lors des années d'après guerre quand j'avais voulu raconter ce qui m'était arrivé.

Avant de partir pour Bucarest, j'avais pourtant lu dans *Le Monde* le complot des blouses blanches, dénoncé par Beria, le directeur de la police politique de l'URSS, qui accusait les médecins juifs d'avoir assassiné un grand nombre de dirigeants communistes[22].

Le procès des blouses blanches en 1953, mon désarroi à Bucarest, l'entrée des chars russes à Budapest en 1956 altéraient mon utopie. Le réel s'éloignait de sa représentation idyllique. Ce fut difficile de renoncer à cet enchantement. Quand j'ai dit : « Ce n'est pas ainsi qu'il faut se battre », j'ai perdu mes amis, j'ai dû renoncer aux lectures et aux sorties qui cadraient ma vie quotidienne et euphorisaient mes rêves. Si j'avais pu conserver la foi, mes premières années de médecine auraient été moins dures. J'aurais été entouré, réconforté et encouragé, comme l'était Bernard Kouchner, déjà élégant avec ses manteaux à col de velours et courageux quand il affrontait les opposants à *Clarté*[23], le journal des Jeunesses communistes qu'il vendait à la criée devant la faculté de médecine. Le doute lui est venu plus tard, mais il y avait en lui un germe de scepticisme, puisque je me rappelle qu'il critiquait les articles du journal qu'il vendait.

Pourrait-on vivre sans mythe ? Quand une expérience collective est éprouvante, quand la situation sociale est difficile, quand le monde intime est

---

22. Ce n'est pas Beria qui aurait organisé ce complot car c'est lui qui était visé. Staline lance l'affaire en 1952, mais c'est la *Pravda* qui, dans un article du 13 janvier 1953, dénonce le « complot ». Communication personnelle, Denis Peschansky.

23. *Clarté* : journal de l'Union des étudiants communistes qui a succédé à *L'Avant-Garde*, journal de l'UJRF. On pouvait y lire des articles antistaliniens.

désespéré, le mythe nous rassemble et donne sens à nos souffrances[24].

Il ne s'agit pas d'un mensonge, je parlerais plutôt d'expériences réelles arrangées de façon à les partager pour habiter un monde commun. La chimère de mon enfance donnait forme à une expérience que je ne pouvais pas partager. Cette représentation de moi combinait des faits réels que mon contexte relationnel ne supportait pas d'entendre. Dans le mythe, à l'inverse, les expériences sont agencées afin de partager une même représentation. Ma chimère galopait seule, dans mes ruminations muettes, alors que le partage d'un mythe aurait organisé un récit collectif où j'aurais pu côtoyer mes proches et obtenir leur soutien. Ma chimère donnait cohérence à la représentation que je me faisais de moi, initié par ma victoire sur la mort, me proposant ainsi une étrange stratégie d'existence. Si j'avais pu partager une mémoire collective, j'aurais été aidé. Grâce aux Jeunesses communistes, j'ai cependant pu faire des projets sociaux et avoir des rêves d'avenir jusqu'au jour où mes doutes m'ont privé de ce soutien.

L'évolution perverse commence quand le mythe devient dogme et nous demande de croire qu'il n'y a pas d'autre vérité. Dès lors, il suffit que l'un d'entre nous envisage une autre évolution, découvre une expérience différente ou une archive qui pourrait

---

24. Hachet P., « Le mensonge indispensable : le mythe », *Le Journal des psychologues*, avril 2012, n° 296, et Hachet P., *Le Mensonge indispensable. Du traumatisme social au mythe*, Paris, L'Harmattan, 2009.

changer le mythe, pour qu'on le prenne pour un blas-
phémateur.

Lorsque le mythe nécessaire devient un dogme
fixiste, toute opinion différente, même voisine, fait
l'effet d'une transgression. Quand le « je » est fragile,
le « nous » sert de prothèse. Quand on a besoin d'un
mythe pour se faire étayer, la moindre variation, éprouvée comme une agression, légitime une riposte violente
en prétextant la légitime défense. On peut déporter,
brûler, excommunier ou rééduquer celui qui n'est pas
exactement conforme à notre récit. En changeant de
vision, il détruit notre mythe et nous empêche de vivre
ensemble : à mort, le transgresseur.

Le mythe du Français débrouillard, résistant et
ridiculisant le doryphore allemand a changé dans les
années 1970. À cette époque, ma chimère a commencé
à se sentir moins seule quand les récits culturels ont
rendu mon entourage attentif à ce qui m'était arrivé
(à ce qui est arrivé à vingt mille personnes qui ont
subi une enfance analogue à la mienne[25]).

Paroles gelées

Les faits étaient réels, mais les paroles étaient
gelées.

Rabelais a fait un conte avec cette idée[26]. Son
bateau navigue sur les mers glacées du Nord et se

25. Zajde N., *Les Enfants cachés en France*, Paris, Odile Jacob, 2012, p. 14.
26. Rabelais, *Œuvres complètes*, Paris, Gallimard, « Bibliothèque de la Pléiade »,
1994, p. 667-671.

rapproche des mers chaudes du Sud : « En pleine mer nous banquetons, gringnotons, devisons et faisons beaulx et cours discours. Pantagruel se leva et puys nous dist : "Compaignons, oyez vous rien ?"... Panurge s'écria "Ventre bieu, nous sommes perdus. Fuyons… Ce sont par Dieu coups de canons…" Pantagruel entendant l'esclandre… dist… "là habitent les Parolles, les Idées, les Exemplaires… au temps de fort hyver lorsque sont proférées gèlent et glassent à la froydeur de l'air…" Le pillot fist responce : "Seigneur, de rien ne vous effrayez. Icy est le confin de la mer glaciale, sur laquelle fust au commencement de l'hyver dernier passé grosse et félone bataille entre les Arismapiens, et les Nephelibates. Lors gelèrent en l'air les parolles et crys des homes et femmes, les chaplis des masses, les hurtys des harnoys, les hannissemens des chevaulx et tout aultre effroy de combat. À ceste heure la rigueur de l'hyver passée, advenante la sérénité et tempérie du bon temps, elles fondent et sont ouyes…" [Pantagruel] nous jecta sur le tillac plenes mains de parolles gelées… Nous y veismes des motz de gueule, de motz de sinople, des motz d'azur, des motz de sable, des motz d'orez… »

Rabelais, au début du XVIe siècle, pose une question encore débattue aujourd'hui. Pourquoi un blessé de l'âme ne peut-il raconter que ce que son contexte est capable d'entendre ? Quand l'environnement culturel est gelé, le blessé reste seul avec son trauma encrypté dans la mémoire. Mais, quand le climat se réchauffe, quand « advenante la sérénité », le blessé peut s'exprimer, il est entouré, et peut reprendre place parmi les siens.

On peut ainsi comprendre que la manière dont l'autre est présent modifie la manière dont on raconte sa blessure. Selon la personne à qui j'adresse mon récit, j'aménage la représentation de mon passé. La personne à qui je m'adresse participe à mon histoire ! Peut-être est-ce en agissant sur les récits d'alentour que je parviendrai à exprimer avec sérénité ce qui m'est arrivé.

Quand, durant la guerre, une grande fille, Anne Frank, écrit son *Journal*[27], elle ne fait que raconter des événements terribles mais supportables. On le sait, on ne les voit pas. La tension émotive est provoquée par l'attente de la mort et non pas par l'amoncellement de cadavres.

À la même époque, Primo Levi, pourtant capable de poésie et de réflexion, préfère écrire *Si c'est un homme*, parce qu'il pense que son témoignage lui permettra de se venger des criminels : « [...] un livre, comme un revolver sur la tempe des agresseurs[28]. »

Le Journal d'Anne Frank raconte une histoire supportable et émouvante. Primo Levi, après avoir été refusé par plusieurs éditeurs qui lui répondent que personne ne peut s'intéresser à de telles horreurs, ne vend que sept cents exemplaires l'année de la parution de son livre, en 1947.

La grande fille a bien plus dégelé les paroles avec son récit délicieusement triste que le savant qui, par

---

27. Anne Frank tient son journal entre juin 1942, où elle se cache avec sa famille, jusqu'en août 1944, date à laquelle elle est arrêtée par la Gestapo.
28. Levi P., *Si c'est un homme*, Paris, Presses Pocket, 1988 (1ʳᵉ édition italienne, 1947).

son témoignage insupportable, glaçait ses lecteurs, renforçant ainsi leur déni.

Il me semble que c'est la popularisation des Justes qui a réchauffé l'atmosphère. Dès 1953, le Parlement israélien avait voté une loi pour rendre hommage aux « Justes parmi les Nations qui ont risqué leur vie pour venir en aide aux Juifs ». Aucun écho n'a répondu jusqu'en 1961, date du procès Eichmann. Les organisateurs, craignant que le gouvernement allemand se sente agressé, ont vite mis en lumière quelques Allemands « Justes parmi les Nations », afin de bien montrer qu'ils ne faisaient pas le procès d'un peuple. L'année suivante, de nombreuses institutions juives demandaient à honorer un si grand nombre de Justes que la Knesset a dû inaugurer une allée des Justes à Jérusalem[29].

Au début des années 1980, le dégel des paroles a été manifeste. J'entendais d'étranges phrases autour de moi : « Il paraît qu'on arrêtait même les enfants… Certains allaient au commissariat avec leur costume du dimanche et leur croix de guerre… on ne les a jamais revus. » Dans les milieux de gauche, la religion ne participait pas à l'identité. On disait que, dans les camps, il y avait des Roumains, des Hongrois, des Polonais ou des Français, mais on ne disait pas qu'ils étaient juifs ou chrétiens puisque la religion ne signifiait rien.

Un jour, une infirmière du centre médico-social de La Seyne-sur-Mer, où j'étais médecin, m'a apporté

---

29. Bensoussan G., Dreyfus J.-M., Husson E., Kotek J., *Dictionnaire de la Shoah*, *op. cit.*, p. 309-311.

un numéro d'*Historia*, où Michel Slitinsky avait écrit un court article sur les rafles pendant la guerre. On pouvait y lire que le « brave soldat Cyrulnik, blessé à Soissons, dans la Légion étrangère, avait été arrêté sur son lit d'hôpital par la Gestapo bordelaise ». « C'est quelqu'un de votre famille ? », m'a demandé l'infirmière, Mme Richard.

Voilà, c'était écrit dans la revue *Historia* ! Mon père avait été courageux, blessé à Soissons et arrêté en compagnie d'un soldat hongrois du même régiment. Ces hommes avaient été arrêtés et déportés par la police du pays pour lequel ils combattaient !

En 1981 à Hyères, Paul Guimard organise une rencontre avec Jean-Pierre Énard, à qui je venais de remettre mon premier manuscrit. Ils disent que Maurice Papon, qui a participé au gouvernement Barre, s'oppose vivement à François Mitterrand. Il va avoir beaucoup de problèmes, affirment-ils, parce que Serge Klarsfeld[30] vient de trouver des documents authentifiant les ordres de réquisition signés pendant la guerre par Maurice Papon.

Quelques semaines plus tôt, Michel Slitinsky m'avait envoyé des photocopies d'arrêtés préfectoraux où j'ai pu voir des listes d'enfants que la police devait rafler. En bas de nombreux documents, on pouvait lire : « Pour le Préfet, le Secrétaire général », signé Maurice Papon.

---

30. Serge Klarsfeld, avocat, vice-président de l'Association des fils et filles des déportés juifs de France.

Quand Slitinsky m'a envoyé son document[31], j'ai découvert que, le 16 mars 1943, Maurice Papon a signé le transfert de prisonniers du camp de Mérignac vers le camp de Drancy. Mon père était peut-être dans ce convoi vers Auschwitz.

Le 16 juillet 1942, mon arrestation était programmée, mais j'y ai échappé parce que ma mère m'avait placé à l'Assistance publique. Le 18 juillet 1942, c'est elle qui partait pour Auschwitz.

Le père de Philippe Brenot, médecin à Mérignac, m'a dit qu'il avait eu l'occasion de voir un document du camp où il était écrit : « Boris Cyrulnik, 5 ans. Évadé. » C'est impossible. L'archive se trompe, je n'avais pas 5 ans, je ne suis allé au camp de Mérignac qu'une seule fois, pour voir mon père.

Margot, peu avant sa mort, a raconté l'épisode où elle s'est occupée de moi. Je découvre que, avant de me recueillir chez elle, elle m'a confié à une famille de Villenave d'Ornon : aucun souvenir. Le jour de mon arrestation, elle était institutrice en poste à Coutras : je ne le savais pas. Après mon évasion, c'est le couple André et Renée Monzie qui s'est occupé de moi : je l'ai appris en 1985, lors du congrès sur le langage, quand M. Monzie a pris le micro pour me le raconter en public.

Ces moments cruciaux n'ont rien laissé dans ma mémoire. En revanche, voulez-vous que je vous raconte comment Margot me donnait des morceaux de sucre quand elle est venue me chercher à l'Assistance ? Je me souviens que j'étais debout contre elle,

---

31. Slitinsky M., *L'Affaire Papon*, *op. cit.*, p. 137.

pour être plus près de la boîte qu'elle tenait sur ses
genoux. Je me souviens du geste qu'elle a fait quand
elle m'a dit que c'était fini. Voulez-vous d'autres
détails ? Ils sont là, clairs et précis, inscrits dans ma
mémoire. « Le propre de l'événement traumatique est
de résister au processus d'historisation[32]. » La mémoire
traumatique est une empreinte figée qui n'évolue pas.
Elle surgit le jour de manière inopinée, parfois évoquée
par un simple indice perçu dans le milieu. La nuit,
cette empreinte revient sous forme de cauchemars,
comme la révision d'une terrible leçon qui renforce la
mémoire de l'horreur.

Le processus d'historisation est différent. Il est
intentionnel puisqu'il doit chercher des souvenirs,
exploiter des documents et provoquer des rencontres
qui nous permettent de remanier la représentation du
passé, de changer d'opinion et de manière de voir les
choses.

La mémoire historique
n'est pas la mémoire narrative

L'évidence historique n'est pas l'évidence narrative. J'avais besoin de la cohérence de mon récit muet
pour m'aider à me diriger dans un monde hostile. Mais
dès qu'on m'a raconté mon enfance, j'ai découvert un
nouveau continent. Le changement de récits culturels

---

32. Waintrater R., « Ouvrir les images. Les dangers du témoignage », *in* J. Ménéchal
et coll., *Le Risque de l'étranger. Soin psychique et politique*, Paris, Dunod, 1999.

a changé mon récit intime, je ne me racontais plus la même histoire ! Quand le climat s'est adouci, les paroles ont dégelé, j'ai pu entendre autrement mon passé et le partager avec des milliers de confidents, parler normalement en quelque sorte !

Certes, le procès Papon avait une intention pédagogique. Les médias se sont transformés en professeurs d'histoire, les muets ont été invités à parler. Ils ont raconté, témoigné, précisé, modifié leur mémoire blessée. Est-ce à la justice de faire de la pédagogie ? « N'allait-on pas confondre le prétoire avec un colloque ou une classe de lycée[33] ? »

Ce procès m'a mis mal à l'aise, et pourtant j'en ai bénéficié. Je n'ai pas été fier qu'on agresse un vieil homme. Était-ce le souvenir de ce milicien lentement lynché au Grand Hôtel de Bordeaux, lors de la Libération en septembre 1944 ? J'aurais voulu plus de noblesse de la part de mes libérateurs, un peu de dignité chez ceux dont je me sentais proche et qui avaient condamné Papon avant de le juger[34]. En 1981, on ne parlait pas des crimes du gouvernement de Vichy. Dans un tel contexte, Papon n'a pas eu de mal à constituer un jury d'honneur pour évoquer une vague affiliation aux Forces françaises combattantes. À cette époque, tous les mouvements sociaux trouvaient leur force dans le conformisme. En 1933, la majorité

---

33. Poirot-Delpech B., *Papon : un crime de bureau*, Paris, Stock, 1998, p. 83.
34. Entre mai 1981, date où *Le Canard enchaîné* a soulevé le problème, et avril 1998, date où la cour d'assises de Bordeaux a condamné Papon pour complicité de crimes contre l'humanité, c'est presque la durée d'une génération, pendant laquelle la culture a changé.

des Allemands avait voté contre le nazisme. Puis la routine des slogans avait amené ce grand peuple, cette belle culture germanique, à se soumettre à une idéologie stupide : « La poursuite machinale de la vie quotidienne fait obstacle à toute réaction vitale contre la monstruosité[35]. » Primo Levi note la même idée : « Ceux qui sont dangereux, ce sont les hommes ordinaires[36]. » « La culture d'un fonctionnaire de l'époque est d'obéir sans poser de questions[37]. » De temps en temps, il convient de programmer une petite révolte. Tous les fonctionnaires des régimes totalitaires acceptent de participer au régime, mais régulièrement ils s'offrent un petit désaccord. « Presque tous les hauts fonctionnaires de Vichy se mettent à rendre des services à la Résistance[38]. » Ils ont un peu contesté l'ordre d'arrêter les enfants, ils ont demandé à leur supérieur hiérarchique de mettre de la paille dans les wagons à bestiaux qui devaient convoyer les prisonniers jusqu'à Drancy puis à Auschwitz, ils ont protesté auprès de leur chef pour qu'on distribue quelques couvertures et quelques cartons de lait concentré aux mille sept cents personnes qui s'en allaient mourir. Un tel comportement est habituel quand les rapports hiérarchiques exigent de se soumettre à des ordres criminels. On obéit puisqu'on est fonctionnaire, mais on ajoute un zeste de révolte pour préserver son estime de soi. Une telle

---

35. Haffner S., *Histoire d'un Allemand*, Arles, Actes Sud, 2003.
36. Levi P., *Si c'est un homme, op. cit.*, p. 262.
37. Baruch M. O., « La culture d'un fonctionnaire est d'obéir sans se poser de questions », *Le Monde*, 1er octobre 1997.
38. *Ibid.*

adaptation permet de garder son poste et d'exécuter les ordres criminels sans éprouver de culpabilité.

Il est difficile de ne pas adopter une telle stratégie. Quand un fonctionnaire s'engage sans critiquer et parfois même devance l'ordre des bourreaux, il lui faudra reconnaître qu'il a participé au crime. Quand, à l'opposé, il se rebelle, il risque d'être renvoyé, il devra alors démissionner ou s'enfuir dans la Résistance. Tous ceux qui ont participé à un régime criminel se sont adaptés en se soumettant pour garder leur poste et en ajoutant de temps en temps une pointe de rébellion afin de se sentir moins coupables et de pouvoir dire un jour : « Je n'ai fait qu'obéir. » Maurice Papon a fait comme beaucoup d'autres. Mais, fonctionnaire zélé, il envoyait les ordres de rafle une heure avant l'exécution afin que personne ne puisse s'échapper[39].

En avril 1998, date du verdict, quelques turlupins avaient changé la culture. Claude Lanzmann était l'un d'eux quand, dans son film *Shoah*, en 1985, il dénonçait le crime d'obéissance. En donnant la parole aux criminels et aux témoins du génocide, il allait plus loin que l'énoncé des faits et la lecture des archives. Il dévoilait le monde intime des criminels de masse qui se sentent innocents. À la fin de ce film, j'ai pensé que se taire, c'était se faire complice de ces criminels et de leurs héritiers, les négationnistes.

---

39. Témoignage d'Yvette Moch. Beaucoup de préfets envoyaient les ordres de rafle longtemps à l'avance, de façon qu'un gendarme ait le temps de prévenir les Juifs ou les résistants. Le premier préfet musulman de France, Chérif Mécheri, ayant refuser de constituer les listes de personnes à arrêter, a été fait commandeur de la Légion d'honneur après la Libération. Il avait, à Limoges, le même poste que Papon.

L'ère du déni prenait fin. La France était reconstruite, les jeunes savaient que, dans le passé, leurs parents avaient connu une guerre. De Gaulle ne pouvait plus dire : « Sur tous ces malheurs, le silence et l'oubli siéent mieux que les pleurs », les Juifs ne voulaient plus se taire afin de ne pas gêner les autres. Il fallait parler ! Le contexte culturel, en s'adoucissant, dégelait les paroles. Bousquet ne pouvait plus être inculpé puisqu'il avait été idiotement abattu. Restait Papon. Coupable secondaire, condamné à dix ans de prison, sachant qu'il ne les ferait pas, il a été grondé pour avoir presque commis un crime contre l'humanité.

Plusieurs de mes amis avaient travaillé avec lui. Ils en disaient grand bien. Il était travailleur, fiable, cultivé et agréable compagnon. Bien sûr, il y était allé un peu fort pendant la guerre. Trop zélé, il avait pris quelques décisions qu'il aurait pu éviter, mais, m'expliquait-on, il n'était pas seul, et beaucoup sont restés au pouvoir.

La mémoire de soi est fortement liée aux cadres sociaux. Les histoires qu'on raconte dépendent de notre position sociale et des récits de la culture qui nous entoure[40].

Pour ne pas mourir pendant la guerre, j'ai dû me taire, faire secret. Puis, pour m'adapter au déni culturel des années d'après guerre, j'ai dû mal parler,

---

40. Marques J., Paez D., Serra A. E., « Social sharing, emotional climat, and the transgenerational transmission of memories : The Portuguese colonial war », *in* J. W. Pennebaker, D. Paez, B. Rimé (éd.), *Collective Memory of Political Events*, *op. cit.*, p. 258.

par allusions, par silences qui provoquaient dans mon entourage une sensation d'étrangeté. À partir des années 1980, j'ai cédé avec soulagement aux invitations à parler. Le même événement, le même fait social, a été d'abord impossible à dire, puis déformé, puis mis en lumière selon les récits du contexte.

Le dégel des paroles

Le procès Papon m'a rendu service ! Dès sa première inculpation en 1981, quand mon nom est apparu dans quelques rapports et quelques revues, des amis étonnés m'ont posé des questions. J'y ai répondu avec plaisir, mais ce n'était pas facile tant ils imaginaient mal le déroulement des faits. Comme ils n'avaient aucune connaissance sur la Shoah, leurs questions étaient absurdes : « Un enfant ne peut pas comprendre ce qu'est la guerre », m'affirmait aimablement une jeune femme, professeur de droit. Une autre me demandait anxieusement ce qu'avaient fait de moi les pédophiles puisqu'on en parlait beaucoup dans les médias des années 1990. Un entrepreneur m'expliquait avec admiration que si je m'en étais sorti, c'était la preuve que j'étais d'une qualité biologique supérieure. À la fin d'un jury de thèse, une femme dans l'assistance m'a interpellé à voix haute : « J'ai lu votre histoire dans le livre de Slitinsky[41], comment avez-vous fait pour vous échapper ? » Je

---

41. Slitinsky M., *L'Affaire Papon, op. cit.,* p. 131.

venais de dire au revoir à la jeune docteure, je m'apprê-
tais à prendre ma voiture, je disposais de trente
secondes pour répondre !

Je ne pouvais pas faire de reproches à ces ques-
tionneurs maladroits puisqu'en me taisant j'avais participé à leur ignorance.

Mon enfance est devenue publique quand j'ai
fait remettre la médaille des Justes à Margot en 1997.
D'un tempérament réservé, elle m'avait demandé
d'organiser une cérémonie discrète. Or son mari,
Joseph Lajugie, était une figure bordelaise : ancien
doyen de la faculté de droit, adjoint de Chaban-
Delmas, forte personnalité, la cérémonie ne pouvait
pas passer inaperçue. En arrivant à l'hôtel de ville,
j'ai trouvé une vingtaine d'anciens combattants avec
médailles et drapeaux, le comité de Yad-Vashem[42],
une dizaine de journalistes et une bonne partie du
conseil municipal.

À la demande de Margot, j'ai répondu vaguement
aux questions, si bien que quelques erreurs ont été
commises qui ont blessé des personnes que je ne voulais surtout pas blesser. Je suis donc intervenu pour
réparer ces malentendus, donnant ainsi l'impression
que je mettais en place publique une enfance que
j'avais cachée.

Je l'avais tue, voilà tout, dans un contexte où il
fallait se taire. Depuis les années 1980, quand le
contexte culturel a changé grâce aux films, aux essais

---

42. Institut Yad-Vashem, « Loi sur la commémoration des Martyrs et Héros,
Jérusalem (1953) », une commission vérifie les dossiers de demande de titre de
Juste parmi les Nations.

et aux documents racontant plus ou moins bien la Shoah, j'étais heureux de me laisser entraîner au dégel des paroles. C'est pourquoi j'ai été très étonné de ne pas être invité à témoigner au procès de Papon. La citation de mon nom fut, paraît-il, survie d'un long silence. Puis on est passé à une autre question.

Je croyais être le seul à avoir survécu à la rafle du 10 janvier 1944. Je pensais que la dame mourante au-dessus de moi n'avait pas pu survivre, je n'avais pas eu accès aux archives (mon déni ne m'avait pas poussé à les chercher).

Il y a quelques mois, Michel Schouker m'a téléphoné : « J'ai votre âge, j'étais avec vous emprisonné dans la synagogue de Bordeaux. Voulez-vous qu'on se rencontre ? »

Pourquoi ai-je demandé à Yoram Mouchenik[43] d'assister à la rencontre ? Ce jeune universitaire réfléchissait à la psychologie des enfants cachés, je l'avais lu avec intérêt. J'aurais pu rencontrer seul ce copain survivant. En écrivant ces lignes, je découvre qu'inconsciemment j'ai demandé à Yoram de venir parce que je craignais qu'on ne me croie pas, encore une fois ! Chaque fois que j'avais laissé échapper une bribe de témoignage, j'avais provoqué le doute, l'incrédulité.

Yoram est venu et nous avons bavardé gaiement avec Michel. Vous avez bien lu « gaiement », c'est le seul moyen d'en parler. Dans les années d'avant guerre, le père de Michel était médecin dans le quartier du Faubourg-Poissonnière. Il avait acheté un vieil

---

43. Mouchenik Y., *Ce n'est qu'un nom sur une liste, mais c'est mon cimetière*, Grenoble, La Pensée sauvage, 2006.

immeuble et le faisait rénover par des ouvriers turcs. Quand la guerre a éclaté, il a pensé que Paris devenait dangereux et a envoyé son fils chez un ami curé, à Bordeaux. C'est chez lui que l'enfant a été arrêté. Nous avions exactement les mêmes souvenirs de la synagogue : la sélection à l'arrivée, les barbelés au milieu du temple, les prisonniers allongés par terre, la brutalité des soldats. Il était resté sur la couverture, lui, rassuré par la dame et les boîtes de lait concentré, il a été transféré à Drancy dans les wagons à bestiaux. Son destin était tracé.

C'est là qu'un ouvrier de son père, réquisitionné pour faire des réparations dans l'espace prison entre les immeubles, a reconnu le fils de son patron. Il a pris l'enfant par la main, s'est approché d'un gendarme et lui a dit : « Cet enfant n'est pas juif. C'est mon fils. Il est musulman. – Alors, a dit le gendarme, si c'est votre fils, prenez-le. »

Michel, devenu médecin, m'a expliqué les difficultés qu'il avait eues lui aussi à raconter tout ça. C'est pourquoi, quand le procès s'est ouvert à Bordeaux en 1997, il a demandé à témoigner. On lui a répondu qu'on n'avait pas besoin de lui.

Je ne savais pas, à cette date, que la dame mourante au-dessus de moi n'était pas morte. J'ai appris par la suite qu'elle non plus n'avait pas été appelée à témoigner. Elle a pourtant été bouleversée par les récits qu'elle entendait et qui avaient réveillé le traumatisme enfoui[44].

---

44. Témoignages personnels de son fils et de sa petite-fille, Valérie Blanché.

Cinquante ans après la guerre, on nous faisait toujours taire ! Mais le climat s'adoucissait, les paroles se dégelaient et les jeunes commençaient à s'intéresser à la Shoah, comme on s'intéresse à une tragédie ancienne. Ça restait difficile à dire parce que c'est compliqué d'intégrer un événement anormal dans une représentation logique. À peine une tragédie est-elle énoncée qu'elle est habillée par les stéréotypes du contexte.

Mémoire des faits
et cadres sociaux

En 1985, j'avais été invité au NIMH de San Diego aux États-Unis[45] en compagnie de Jean-Didier Vincent, le réputé neurobiologiste. À la fin de la guerre, nous étions dans la même école, chez M. Lafaye. Son père, figure majeure de la Résistance bordelaise, avait joué un rôle important dans la libération de Castillon. Un soir, autour d'une table où l'on se racontait nos enfances paysannes, il a dit à la cantonade : « Toi, Boris, tu as été jeté par la fenêtre d'un train. C'est comme ça que tu as pu échapper aux camps. » J'ai répondu qu'en effet j'avais évité la mort de peu, mais que je n'avais pas été jeté par la fenêtre d'un train. Personne n'a posé de questions. Nous avons ri d'autres choses.

Jean-Didier savait probablement que j'avais été caché dans l'école de M. Lafaye puisqu'il y était lui-

---

45. NIMH, National Institute of Mental Health (Institut national de santé mentale), San Diego, États-Unis.

même élève. Son père, sa famille ou les gens de Castillon avaient dû en parler. Puis, sur cette vérité partielle, il avait plaqué un stéréotype culturel, une image de film probablement, où l'on voit une mère jeter un bébé par la fenêtre d'un « train de la mort ». Il avait, comme on le fait souvent, condensé deux sources différentes de sa mémoire : une parole familiale et une image conventionnelle.

Après le procès Papon, j'ai rencontré beaucoup de gens qui m'ont raconté mon enfance. Georges Gheldman a découvert l'archive, le papier officiel, du convoi n° 7 qui envoyait à la mort sa mère et la mienne dans le même wagon.

Mme Yvette Moch m'a écrit une lettre où elle me disait qu'elle m'avait vu m'enfuir. Elle était entrée dans la synagogue grâce à un tablier d'infirmière de la Croix-Rouge pour tenter de sauver son père, ce dont elle a témoigné au procès de Papon. Mais, précise-t-elle, « j'ai assisté à votre "évasion" sous la cape protectrice de l'infirmière[46] ». Quand j'en ai parlé à Mme Descoubès, l'infirmière, nous avons été clairement d'accord : je n'ai jamais été sous la cape de l'infirmière. Mme Moch, au cours de sa courageuse incursion dans la synagogue, m'a vu seul ou essayant de m'évader, car j'avais fait plusieurs tentatives avant celle qui a réussi, puis elle m'a vu contre l'infirmière.

Beaucoup de gens, en parlant de mon évasion, ont évoqué l'image convenue de la cape de l'infirmière. Certains même, aux fantasmes plus hardis, ont affirmé que je m'étais caché sous les jupes de l'infirmière. Ils

---

46. Yvette Moch, lettre, février 2001.

ont fait le processus de condensation des souvenirs qui nous entraîne à une logique abusive. Quand on a vu dans le réel trois pieds d'une table, on voit dans son souvenir les quatre pieds de cette table. C'est une représentation logique même si, réellement, elle tenait sur trois pieds.

La mémoire traumatique est un souvenir figé qui se répète sans cesse. C'est un arrêt de l'histoire, une mémoire morte. Or, quand on peut partager le souvenir d'une épreuve passée, la mémoire redevient vivante. On s'étonne alors des arrangements qui ont donné cohérence à la représentation d'une réalité folle, on fait évoluer le souvenir. On voit les choses autrement quand le milieu crée des lieux de parole.

Mon contexte n'était pas dégelé en 1967, quand j'ai rencontré Pierre Marty. J'étais jeune médecin en neurochirurgie, à l'hôpital de La Pitié, quand un matin, vers 8 heures, les brancardiers débordés ont déposé par terre une dame multifracturée. C'est un moment bourdonnant dans un service hospitalier : les médecins prennent leur poste, les infirmières passent les consignes, on lave le sol, on prépare la visite, la dame souffrante était sans cesse enjambée par des gens pressés.

La surveillante me dit qu'on ne peut pas laisser cette dame sur son brancard, on va ouvrir une salle de consultation et mettre la blessée sur un lit d'examen. Ce fut rapidement fait. Quand le médecin est arrivé, on lui a expliqué la situation, il s'est assis dans son fauteuil en attendant qu'on ait terminé l'examen. Pendant qu'on s'affairait autour de la malade, l'infirmière m'a appelé par mon nom : « Monsieur Cyrulnik, voulez-vous qu'on demande tel examen ? » En entendant mon nom, le consultant a sursauté et, pendant que j'examinais la blessée, il est venu me regarder sous le nez. C'est vraiment la bonne expression : « sous le nez ». À la fin de l'examen, quand le calme est revenu, il a pointé son doigt vers moi et a dit : « Votre père s'appelait Aaron. » Comment pouvait-il savoir que mon père s'appelait ainsi ? Étonné et heureux, je confirme et lui demande comment il a pu connaître le prénom de mon père : « Avant guerre, nous militions ensemble dans un mouvement antifasciste. » Je venais de rencontrer quelqu'un qui pouvait me parler de mon père et me dire comment il était dans la vie réelle, et pas seulement sur un papier, une croix de guerre et un acte de disparition à Auschwitz.

Les patients arrivaient. Il m'a donné sa carte en me demandant de lui rendre visite. J'ai lu : « Pierre Marty, psychanalyste, boulevard Saint-Germain[47]. »

Je ne suis jamais allé le voir.

J'avais l'impression qu'en allant lui parler de la mort de mon père, j'aurais été amené à exposer la perte de ma famille… Qu'aurais-je fait de toutes ces disparitions, ces pertes sans deuil ? Aurais-je rempli la crypte de mon âme avec des souvenirs dont personne, à cette époque, ne voulait entendre parler ? À quoi bon faire revivre une souffrance dont on ne peut rien faire ? Le déni me protégeait à un prix humain très élevé.

---

47. Pierre Marty, Michel de M'Uzan, Christian David, Michel Fain, fondateurs de l'école dite de psychosomatique de Paris. Ils ont été les premiers à expliquer qu'un défaut de mentalisation provoquait une pensée opératoire, sans fantasmes ni affects, qui finit par provoquer des troubles organiques.

Aujourd'hui, j'irais le voir et j'éprouverais le bonheur de faire connaissance avec ma famille disparue, comme je l'ai fait avec Dora quand elle a enfin pu parler de son enfance et de la guerre. Elle aussi a éprouvé le plaisir d'ouvrir sa crypte quand la culture et l'âge lui ont donné la possibilité de s'exprimer tranquillement.

Changement de climat

Nathalie Zajde, de retour en France (1988), a rapporté son expérience américaine visant à comprendre ce qu'un traumatisme transmettait à travers les générations. Quand j'ai siégé à son jury de thèse, c'est elle qui m'a fait découvrir que le non-dit protecteur pouvait altérer les relations[48].

Jacques Chirac, en reconnaissant en 1995 le crime du gouvernement de Vichy, a bouleversé la manière de penser le génocide. Et, vous allez être surpris, je pense que lorsque Maurice Papon en 1998 a été grondé pour presque crime contre l'humanité, il a collaboré à cette évolution ! Il s'en serait volontiers passé, mais ce n'est pas l'homme qui a été jugé, c'est le mystère d'un système social qui a permis à ses responsables d'apposer au bas d'un papier une signature qui envoyait à la mort mille six cents personnes innocentes, puis de rentrer à la maison avec

---

48. Zajde N., *Transmission du traumatisme chez les descendants de survivants juifs de l'Holocauste*, thèse de doctorat d'État, Paris-VIII, 22 janvier 1993.

la conscience du travail bien fait, et la promesse d'une belle carrière.

La France, en 1944, était peuplée de plusieurs centaines de milliers de petits Papon. Fallait-il les condamner, l'un à dix jours de prison pour avoir conduit l'autobus qui menait au train de la mort, l'autre à une amende pour avoir tapé la liste de ceux qu'il fallait arrêter ?

Je ne parle pas de ceux qui se sont engagés dans les Waffen SS ou dans la milice[49], ceux-là combattaient et acceptaient le risque de mourir. Je ne parle pas des millions de lettres de dénonciation où l'auteur envoyait à la mort son propre patron afin de s'emparer de son magasin dans le cadre de l'aryanisation des biens des Juifs, ou de celui qui dénonçait la judéité d'un professeur de médecine afin de libérer un poste d'universitaire[50]. Ceux-là ont été soldats ou délinquants, la loi s'applique pour eux. Ce qui m'étonne, c'est l'incroyable soumission de certains hommes qui sont capables de tuer, simplement pour obéir[51].

Les Juifs qui sont venus en France dans les années 1930 croyaient arriver au pays de la culture et des droits de l'homme, là où la condition humaine était tellement belle que Dieu lui-même était fier de ses œuvres. Ils ne soupçonnaient pas à quel point l'antisémitisme dominait les récits. Gobineau et Drumont, depuis la fin du XIXᵉ siècle, avaient préparé les opinions

---

49. Terrisse R., *La Milice à Bordeaux. La collaboration en uniforme*, Bordeaux, Aubéron, 1997.

50. Epstein H., *Le Traumatisme en héritage*, Paris, Gallimard, « Folio », 2010.

51. Welzer H., *Les Exécuteurs. Des hommes normaux aux meurtriers de masse*, *op. cit.*

en exposant la nécessité du racisme[52]. Les romans, les films, les pièces de théâtre, les expositions, les journaux et surtout les expressions antisémites du langage de tous les jours structuraient ce mouvement culturel[53]. La France amoureuse de Pétain n'a pas été choquée par la loi sur le statut des Juifs qui, dès 1940, les privait du droit au travail et à la protection. On récitait Maurras à cette époque, on s'extasiait avec lui pour l'« obéissance sereine », on chantait joyeusement : « Maréchal nous voilà, devant toi, le Sauveur de la France », on dénonçait le danger de la juiverie : « Si l'école accueille un Juif, il saura la langue d'Oc mieux que nous. Si nous acceptons ce Juif excellent… nous serons d'avance foutus[54]. » En fait, ce prétexte de la légitime défense servait à légitimer l'agression contre les Juifs.

Le renversement de l'opinion s'est fait, sans transition, après la loi sur le port de l'étoile en juin 1942. Soudain, la représentation des Juifs s'est métamorphosée. Il n'était plus possible de se soumettre à l'image du Juif au nez et aux doigts crochus pour mieux s'emparer de l'or des bien-pensants. Les Juifs devenaient des gens ordinaires : M. Blumen le blond professeur de mathématiques, M. Cohen le tailleur au petit nez droit ou Lévi le musicien aux longues mains. Ces personnes réelles n'étaient plus le support de fantasmes persécutifs. La France chrétienne, changeant de représentation grâce au port de l'étoile jaune, a volé

---

52. Arthur Gobineau avec *L'Inégalité des races humaines* et Édouard Drumont avec *La France juive* ont joué un rôle fondamental dans le développement du national-socialisme allemand.

53. Klemperer V., *LTI, la langue du IIIe Reich*, Paris, Albin Michel, 1996.

54. Giocanti S., *Maurras. Le chaos et l'ordre*, Paris, Flammarion, 2008, p. 161.

au secours des Juifs. Le même phénomène a eu lieu aux Pays-Bas : dès que le port de l'étoile jaune, avec l'inscription « *Jood* », a été rendu obligatoire en avril 1943, la population a protégé les Juifs. Ce phénomène n'a pas eu lieu en Allemagne ou dans d'autres pays d'Europe centrale, parce que le marquage a été décidé alors que l'extermination était déjà accomplie.

Le procès Papon n'a pas jugé un homme. Ceux qui ont collaboré avaient eu à en répondre en 1945, lors des trois cent mille dossiers ouverts : cent vingt-cinq mille ont été condamnés dont vingt-cinq mille fonctionnaires (sur sept cent mille). Il y eut tout de même douze mille fusillés. Quant aux responsables administratifs, aux collaborateurs économiques et scientifiques, ils ont bénéficié de beaucoup d'indulgence. Les lampistes ont payé, comme d'habitude[55].

Ce procès n'a pas eu l'effet pédagogique attendu : 82 % des sondés ont appris peu de choses sur cette période de l'Occupation. Et 62 %, à la fin du procès, avaient des idées moins claires sur le rôle de Papon pendant la guerre[56].

Les historiens, convoqués à la barre pour dire « la vérité, toute la vérité... », ne se sont pas sentis à la hauteur de cette mission. Certains ont refusé, comme Pierre Vidal-Naquet, Michel Rajsfus ou Henry Rousso. D'autres ont accepté, à condition qu'on les considère simplement comme des experts, auxiliaires

---

55. Wieviorka O., « L'épuration a-t-elle eu lieu ? », *L'Histoire*, juin 1998, n° 222, p. 81-82.
56. Sondage Sofres-Libération, *Libération*, 24 mars 1998.

de la justice et non pas comme des garants de la vérité[57].

Et pourtant, malgré ces réserves, ce procès a changé notre culture. Aujourd'hui, on ne juge plus la collaboration de la même manière qu'en 1945. Après guerre, on pensait que ces profiteurs avaient les armes à la main. Soixante ans plus tard, on s'indigne de la froideur et de la technicité de leurs crimes racistes. L'effet pédagogique a été retardé. Il a fallu que les historiens, les philosophes, les témoins et les artistes élaborent les faits soulevés par ce procès pour que notre culture apprenne à en parler.

Ni haine ni pardon

J'ai beaucoup bénéficié de ce procès qui m'a gêné. Presque tout le monde en a parlé avec curiosité et parfois indignation. J'entendais : « Ce n'est pas la peine de juger Papon, il faut l'abattre tout de suite. » À quoi d'autres répondaient : « Il n'est coupable de rien, il faut le libérer. »

Enfin, on en parlait !

On m'a posé des questions, on s'est intéressé, étonné, émerveillé, apitoyé : ma crypte n'avait plus de raison d'exister puisqu'on me donnait la parole. J'ai pu raconter, à l'occasion, quand ça venait, deux ou trois choses du fracas de mon enfance et de mes ten-

---

57. Jeanneney J.-N., *Le Passé dans le prétoire. L'historien, le juge et le journaliste*, Paris, Seuil, 1998.

tatives d'existence. En bavardant, je devenais comme tout le monde. C'est étrange d'écrire ça, puisque me taire provoquait en moi un sentiment de malaise, autant que d'en parler. Même en bavardant, je n'étais pas comme tout le monde. Comment répondre à : « Les gens qui vous protégeaient ont-ils abusé de vous ? Les Justes qui n'ont pas été déportés ont-ils collaboré ? Haïssez-vous Papon ? Avez-vous pardonné ? »

Ni haine ni pardon.

Personne n'a demandé mon pardon, sauf peut-être les jeunes Allemands qui se sentent encore coupables des crimes de leurs grands-parents. Pourquoi me demandent-ils pardon ? Quand un homme viole une femme, on ne met pas son fils en prison.

Toutes les religions demandent pardon pour un mal intentionnel ou involontaire qu'on a fait à nos proches. Les Juifs ont Yom Kippour (la fête du Pardon). Les orthodoxes se demandent pardon entre eux, se téléphonent et s'invitent à dîner. Le Coran enseigne qu'« une parole agréable et un pardon valent mieux qu'une aumône » (sourate 2, 163).

On n'éprouve pas le besoin d'accorder son pardon à la catastrophe naturelle qui a brûlé nos forêts ou inondé nos récoltes. On n'a pas de haine pour un phénomène de la nature, on s'en méfie, c'est tout. Et, pour s'en préserver à l'avenir, on cherche à le comprendre pour mieux le contrôler. C'est différent de l'identification à l'agresseur de certaines victimes qui envient la place du bourreau. C'est l'identification de l'agresseur, comme le paysan ruiné par une inondation qui devient spécialiste en hydrologie.

C'est un peu ce que j'éprouve en pensant au nazisme ou au racisme. Ces hommes se soumettent à une représentation coupée de la réalité. Ils s'indignent de l'idée qu'ils se font des autres : à mort les parasites, les Nègres, les Juifs, les Arabes, les Auvergnats et les zazous. Ils passent à l'acte pour obéir à cette représentation absurde. La soumission qui les unit leur donne une étrange sensation de force : « Notre chef vénéré est puissant grâce à notre obéissance. »

Le choix, pour moi, n'est pas entre punir ou pardonner, mais entre comprendre pour gagner un peu de liberté ou se soumettre pour éprouver le bonheur dans la servitude[58]. Haïr, c'est demeurer prisonnier du passé. Pour s'en sortir, il vaut mieux comprendre que pardonner.

---

58. Étienne de La Boétie [1549], *Discours de la servitude volontaire*, Paris, Flammarion, 1993.

Je suis très étonné par le livre que je viens d'écrire.

Je voulais ne pas écrire une autobiographie où l'enchaînement des événements aurait composé un récit de victoires ou un plaidoyer, mais je ne m'attendais pas à écrire une défense de la judéité qui, dans ma vie quotidienne, occupe peu mon esprit.

Partant de mon arrestation, en janvier 1944, j'ai déroulé le fil, comme une pelote de laine. Ça commence par « la préfecture me fait arrêter » et ça se termine par : « Papon est condamné. » C'est trop beau pour être honnête. Et pourtant, je vous assure, j'ai vérifié mes sources et comparé avec d'autres témoins.

J'en ai conclu que toute mémoire, tout récit de soi est une représentation de son passé. Mais on n'invente pas à partir de rien, on ne peut rien raconter si l'on n'a rien vécu. Il faut du vrai pour fouiller dans sa mémoire et trouver de quoi en faire une représentation, au théâtre de soi.

Le malheur de la guerre m'a appris l'art du silence. Depuis que ma culture m'a rendu la parole, je comprends le sens du chemin parcouru.

Madame Loth aujourd'hui peut se retourner, observer son passé, puis cheminer vers le bonheur, sans être transformée en statue de sel.

L'incendie est éteint... peut-être.

TABLE

TABLE 291

Impression réalisée par

La Flèche (Sarthe), le 21-03-2014
N° d'impression : 3004873
N° d'édition : 7381-3118-X
Dépôt légal : avril 2014

Imprimé en France